Barbara Berger

Wünsche erfüllen, Träume leben

Barbara Berger

# Wünsche erfüllen, Träume leben

Aus dem Amerikanischen von
Ursula Bischoff

*nymphenburger*

*Für Tim, Mark und Robin*

© 1995 Barbara Weitzen Berger
Originaltitel: »The Road to Power 2 – More Fast Food
for the Soul«
© für die deutschsprachige Ausgabe nymphenburger in der
F. A. Herbig Verlagsbuchhandlung GmbH, München 2009.
Alle Rechte vorbehalten.
Schutzumschlaggestaltung: Atelier Sanna, München
Herstellung und Satz: Ina Hesse
Gesetzt aus: 10,8 / 14,8 Sabon
Druck und Binden: GGP Media GmbH, Pößneck
Printed in Germany
ISBN 978-3-485-01171-6

www.nymphenburger-verlag.de

# Inhalt

# 1

# Der Weg zur Macht: Die einzelnen Etappen

Halleluja!

Spüren Sie, wie befreiend der Gedanke ist, aus dem alten Trott auszubrechen und sich auf den Weg zur Macht zu begeben?

Wie aufregend es ist, zu wissen, dass Sie – ungeachtet dessen, wie niedergeschlagen oder elend Sie sich heute fühlen – in der Lage sind, Ihre Situation von Grund auf zu ändern? Die Weichen neu zu stellen, um ein Leben zu führen, das glücklicher, fröhlicher und spannender als je zuvor sein wird?

Besser, als Sie es sich jemals erträumt hätten?

Und dass Ihnen dieses Kunststück ganz alleine gelingt, aus eigenem Antrieb?

## Die Macht der inneren Arbeit

Es gibt nur eine Bedingung, die Sie erfüllen müssen, um Ihr Leben auf Erfolgskurs zu bringen, eine

wichtige, unumgängliche Voraussetzung: Sie müssen bereit sein, hart zu arbeiten – an sich selbst, an Ihrem inneren Potenzial.

Diese Arbeit kann Ihnen niemand abnehmen. Niemand kann Ihr Leben in die Hand nehmen und es für Sie neu gestalten. Kein Guru, kein Therapeut, kein Heiler, weder Mutter noch Partner, Seelsorger oder Chef – und kein Geld der Welt. Ein solcher Versuch wäre von vornherein zum Scheitern verurteilt (obwohl Ihnen viele Leute Hilfe und Ermutigung bieten können).

Aber lassen Sie den Kopf nicht hängen! Wenn Sie fest entschlossen sind, die Herausforderung anzunehmen und sie im Alleingang zu bewältigen, werden Sie feststellen, dass es für Freiheit, Erfolg, Freude, Gesundheit, Erfolg und alles, was Sie sonst noch anstreben, keine Einschränkungen gibt. *Keine Einschränkungen, keine Grenzen!*

Als mir diese Tatsache bewusst wurde, entwickelte sich mein Leben in eine völlig neue Richtung. Deshalb kann ich Ihnen versprechen, dass sich auch Ihr Leben von Grund auf verwandeln wird.

## Sie sind frei

Es gibt keine Entdeckung, die aufregender und beflügelnder sein könnte. Ein Sechser im Lotto oder der großen Liebe Ihres Lebens zu begegnen ist fantastisch, lässt sich aber nicht damit vergleichen, wenn Sie feststellen, dass Sie *frei* sind. Sie haben die Freiheit, Ihre eigenen Entscheidungen zu treffen, Sie haben die Wahl und nur Sie bestimmen über Ihren Lebensweg – jetzt und für alle Zeit.

Welcher Gedanke könnte faszinierender sein?

Zu wissen, im tiefsten Innern zu wissen und zu verstehen, dass Sie Ihr Leben und Ihre Realität wählen und beides folglich jederzeit ändern können … das ist zweifellos die aufregendste Entdeckung, die es gibt.

Nehmen Sie sich einen Moment Zeit, um darüber nachzudenken, was sie im Einzelnen bedeutet.

## Die Schatzsuche

Alles, was Sie brauchen, um die Weichen neu zu stellen, steht Ihnen bereits zur Verfügung. Es gibt überall Lehrer, zahlreiche Lehrer, die Sie anleiten und inspirieren. Sie müssen nur das leidenschaftliche, inständige Bedürfnis mitbringen, die Kon-

trolle über Ihr Leben zu übernehmen, es nach Ihren eigenen Vorstellungen zu gestalten, und sich auf diese Herausforderung einlassen. Nichts ist einfacher als das. Sie müssen lediglich die Entscheidung treffen, etwas in Bewegung zu bringen.

Doch dahinter steckt mehr als eine Herausforderung ... viel mehr. Sie werden ein Abenteuer ohnegleichen erleben, das größte Abenteuer Ihres Lebens. Das faszinierendste Abenteuer, das es gibt: die Suche nach einem unvorstellbar kostbaren Schatz, der am Ende des Weges auf Sie wartet, der für Sie bestimmt ist – für Sie allein.

## Nur Mut!

Niemand wird jemals erfahren oder genau ergründen können, was Sie bei Ihrer Schatzsuche erlebt haben oder wie Sie verläuft. Nur so viel vorab: Sie ist nichts für Feiglinge, sondern erfordert Mut! Sie werden Feuer speienden Drachen, unüberwindlich scheinenden Hindernissen und heimtückischen Verlockungen begegnen, die sich als Falle entpuppen; daher trifft der Name Schatzsuche ins Schwarze. Sie werden lernen müssen, Ihren Weg allen Widrigkeiten zum Trotz mit eiserner Entschlossenheit fortzusetzen. Dabei werden Sie ganz auf sich selbst

gestellt sein, können nur auf Ihren inneren Ratgeber zählen, während Sie tapfer und unerschrocken einen Schritt vor den anderen setzen. Doch da Sie dieses Buch lesen, haben Sie bereits in Ihrem tiefsten Innern beschlossen (auch wenn Sie sich dessen noch nicht bewusst sind), nach den Sternen zu greifen und sich mit nichts weniger zufriedenzugeben. Warum sollten Sie auch?

## Das ganze Universum gehört Ihnen!

Das ganze Universum gehört Ihnen – greifen Sie zu! Es dient Ihnen als Schule oder Tummelplatz, um Erfahrungen zu sammeln und zu lernen ... Das Leben auf dem Planeten Erde ist unser Lehrmeister, ein unverzichtbarer Teil des Lehrplans, den jeder Mensch für sich selbst erstellt.

Also, machen Sie beherzt den ersten Schritt, hier und jetzt, um den Schatz zu suchen, der am Ende des Lernprozesses auf Sie wartet! Sie werden sehen, dass die »Schule« des Lebens tausendmal mehr Spaß macht als alles, was die Gesellschaft als Bildungsinstitution bezeichnet.

## 2

# Die Macht
# der Realität

Wir leben in einem mentalen Universum. Das Leben ist ein Spiel, das im Kopf stattfindet. Jeder kann gewinnen, jeder ist dafür prädestiniert und bringt die nötigen Voraussetzungen mit.

Doch bevor Sie sich auf den Weg zur Macht begeben – und wirksame Möglichkeiten kennenlernen, Ihr Leben rundum zu verbessern und zu genießen –, gilt es, einen Schritt zurückzutreten und zu überlegen, wie die Realität beschaffen ist, die uns umgibt.

## Die wahre Natur der Realität

Um das wahre Gesicht der Realität zu erkennen, müssen wir Abstand gewinnen, müssen uns von den Trugbildern verabschieden, die uns das kollek-

tive Bewusstsein vorgaukelt, und müssen die sich immer schneller drehende Tretmühle hinter uns lassen, die unseren Alltag bestimmt.

Diese Fähigkeit, sich aus dem eisernen Griff des kollektiven Bewusstseins zu lösen, ist von zentraler Bedeutung, wenn Sie sich auf den Weg zur Macht begeben, denn sonst könnten Sie auf die abwegige Idee kommen, dieses Buch sei ein Sesam-öffne-dich oder eine Art Zauberei. Das wäre ein Trugschluss. Alle Empfehlungen in diesem Buch – Techniken, Methoden und Übungen – sind deshalb so wirksam, weil sie auf dem tief verwurzelten Wissen um die wahre Natur der Realität basieren.

Deshalb ist es wichtig, sich aus dem kollektiven Bewusstsein »auszuklinken« und sich der Aufgabe zuzuwenden, die wahre Natur der Realität zu ergründen. Wenn Sie nicht willens sind, diese Bereitschaft aufzubringen und zu bewahren, lassen sich die Techniken nur schwer umsetzen.

## Die Mystiker hatten recht

Wir leben in einer spannenden Epoche, denn die Wissenschaft – genauer gesagt die Quantenphysik – ist dabei, den Nachweis für eine These zu liefern, die Mystiker und Metaphysiker seit jeher

vertreten haben: Wir Menschen bestehen aus Informations- und Energiebündeln, leben in einem Meer unendlicher kosmischer Energie. Wir sind in Wahrheit Lichtgeschöpfe. Das haben die Mystiker schon vor langer Zeit erkannt.

Den Quantenphysikern ist es gelungen, in das Wesen der Materie vorzudringen (die wir Normalsterblichen als Realität bezeichnen). Sie haben herausgefunden, dass Materie aus Atomen besteht, die sich wiederum aus subatomaren, wolkenförmig verdichteten Partikeln zusammensetzen. Diese subatomaren Substanzen bestehen aus Energiewellen mit so geringer Amplitude, dass sich ihre Existenz nur anhand der Spuren nachweisen lässt, die sie in einem Teilchenbeschleuniger hinterlassen.

Der interessanteste Aspekt der Quantenforschung ist, dass sich diese Energiewellen nur dann in Partikel verwandeln, wenn man sie beobachtet (lokalisierte Ereignisse in Zeit und Raum). Mit anderen Worten: Die Energiewellen, aus denen das gesamte Universum besteht, treten erst dann in Erscheinung, wenn der Blick darauf gerichtet ist (wie Einstein schon zu Beginn unseres Jahrhunderts feststellte). Das bedeutet nicht nur, dass ein Quantenfeld auf den Beobachter reagiert, sondern dass alles, was wir als physische Welt bezeichnen, eine Reaktion auf den Beobachter ist.

## Eine atemberaubende Entdeckung

Diese Entdeckung ist atemberaubend. Stellen Sie sich vor, was sie in letzter Konsequenz bedeutet: *Partikel treten nur dann in Erscheinung, wenn wir ihnen Beachtung schenken.* Anders ausgedrückt: Das menschliche Bewusstsein beeinflusst nicht nur das Quantenfeld, in dem wir leben, sondern ist gleichzeitig Schöpfer der Ereignisse, die in diesem Feld stattfinden. Und nicht nur das: Wenn wir den Fokus unserer Aufmerksamkeit verändern, verändern wir auch das Informations- und Energiefeld, in dem wir leben. Die Qualität unserer Gedanken und der Fokus unserer Aufmerksamkeit verleihen uns also die Macht, das unendliche Feld der Informations- und Energieströme zu beeinflussen, dessen Teil wir sind.

Was bedeutet das?

Das bedeutet: Wir leben in einem Universum, das sich unseren Gedanken anpasst, das »Wachs in unseren Händen ist«. Es reagiert auf unsere Gedanken, unsere Aufmerksamkeit und unsere unerschütterlichen Absichten. Deshalb kann man mit Fug und Recht behaupten: *Wir leben in einem mentalen Universum.*

Wenn wir zu dieser Einsicht gelangen, müssen wir uns eingestehen, dass die alte »materialistische«

15

Deutung der Wirklichkeit nicht mehr greift: die Vorstellung, dass sich das Universum »irgendwo da draußen« befindet, von uns getrennt, Lichtjahre entfernt. Und da es dort draußen, getrennt von uns, kein Universum und keine Realität gibt, kann sie auch nicht unser Leben kontrollieren und unser Schicksal bestimmen.

Leider hinkt das kollektive Bewusstsein den bahnbrechenden Entdeckungen der modernen Wissenschaft hinterher und muss sie erst verdauen. Dabei hat die Quantenphysik schon vor langer Zeit nachgewiesen, wie falsch das Bild ist, das sich die meisten Menschen von der Realität machen, ein brüchiges Fundament, auf dem sie ihr Leben, ihre Überzeugungen, ihre ganze Existenz aufbauen.

Wenn Sie glauben, dass Sie in einem materialistischen Universum leben, dem Sie auf Gedeih und Verderb ausgeliefert sind, wenn Sie an eine »objektive Realität« glauben, die getrennt und unabhängig vom Menschen existiert – *dann befinden Sie sich in den Fängen einer Illusion.*

Sie machen Ihre Entscheidungen und Ihr Leben an einer überholten, veralteten Weltsicht fest, die sich als Trugbild erwiesen hat. Sie ist nicht nur falsch, sondern auch völlig ungeeignet, Ihr Leben oder Ihre Realität zum Besseren zu wenden. Diese rückständige und fehlgeleitete materialistische Vorstel-

lung vom Universum beraubt Sie eines Potenzials, aus dem Sie ungeheure Macht und Stärke schöpfen könnten.

Sobald Sie die wahre Natur der Realität verstehen, werden Sie erkennen, dass Sie weit mehr Macht besitzen, als Sie sich jemals erträumt hätten.

Fakt ist, dass wir in einem mentalen Universum leben. Fakt ist, dass wir Mitschöpfer dieses Universums sind.

Und Fakt ist, dass wir mit jedem Schritt auf unserem Lebensweg, mit jeder Entscheidung, die wir treffen, *dieses Universum durch unseren Willen gestalten*.

Wenn Sie diesen Gedanken verinnerlichen, wird er Ihr Leben von Grund auf revolutionieren.

Denn das bedeutet: Wenn wir in einem mentalen Universum leben und lernen, unsere Gedanken zu kontrollieren und unsere Aufmerksamkeit zu steuern, gewinnen wir Macht über die sogenannte Außenwelt und die dort stattfindenden Ereignisse.

3

# Die Macht
# des Universums

Um die Macht des Höchsten oder Schöpferischen Prinzips zu ergründen und in Ihr Leben zu integrieren, schlage ich folgende Übung vor.

Nehmen Sie sich Zeit, um die Rhythmen des Universums zu erforschen.

Beobachten Sie die Sterne, die Nacht für Nacht in ihrer richtigen Position am Firmament erscheinen. Und sollte der Himmel verhangen sein, werfen Sie einen Blick in David Malins faszinierenden Bildband *Das unsichtbare Universum*.

Halten Sie sich vor Augen, dass die Sonne jeden Morgen im Osten aufgeht und im Westen untergeht. Dass der Mond wie vorhergesagt am Nachthimmel auftaucht. Dass die Jahreszeiten wechseln, sodass der Frühling wie auf Stichwort die Bühne betritt, mit sämtlichen Begleiterscheinungen, wie knospenden Blüten und Zugvögeln, die immer wieder in ihren heimischen Lebensraum zurückkehren, gerade zur rechten Zeit.

Und nun denken Sie an die Millionen Zellen in Ihrem Körper. Stellen Sie sich vor, wie sich aus einem einzigen befruchteten Ei ein vielschichtiges, lebendiges, atmendes und denkendes menschliches Wesen entwickelt hat – ein Prozess, der von nicht mehr (aber auch nicht weniger) als einer komplexen, in der DNA gespeicherten Information (Intelligenz) gesteuert wird.

## Das Universum ist intelligent

Ist diese fortwährende Entwicklung – wie die Entstehung eines Menschen aus einer einzelnen Zelle, der weitläufige Tanz der Sterne und Galaxien oder die ununterbrochene Rotation der Erde um die eigene Achse auf ihrem Weg durch den Kosmos, ganz zu schweigen von den Biorhythmen der Myriaden Pflanzen und Tiere – ist diese permanente, unvergleichliche Bewegung auf der energetischen Ebene willkürlich, ein Produkt des Zufalls oder in irgendeinem Aspekt chaotisch?
Mitnichten. Je eingehender Sie solche Entwicklungsprozesse beobachten, je häufiger Sie die Gelegenheit ergreifen, das unendliche Energie- oder Kraftfeld wahrzunehmen, das sich in uns und rings um uns herum befindet, desto eher entdecken Sie

die geordneten Muster, mit der die Natur allenthalben aufwartet. Dann erkennen Sie vermutlich – falls es Ihnen nicht schon bewusst ist –, dass das Universum nicht nur Strukturen aufweist, die von einer höheren Intelligenz zeugen, sondern *selbst intelligent ist!*

## In die Stille gehen und beobachten

Wie wäre es, wenn Sie sich hin und wieder den Luxus gönnen, in die Stille der Natur zu gehen (siehe *Fast Food für die Seele – Einfach das Leben ändern*, Kapitel 13 über *Die Macht der Stille*)? Nehmen Sie sich Zeit, um zu meditieren und einen Bruchteil der vielschichtigen, miteinander verwobenen Elemente im atemberaubenden Tanz des Universums zu verinnerlichen, der fortwährend in uns und rings um uns herum stattfindet.

Legen Sie kürzere oder längere Perioden des Schweigens ein, wenn Sie sich in der Natur aufhalten. Nutzen Sie die Stille, um zu beobachten und Ihre Umgebung bewusst wahrzunehmen. Abgesehen davon, dass Sie sich dabei hervorragend entspannen, können Sie die Ideen und Konzepte aus diesem Buch leichter aufnehmen und überdenken. Beobachten Sie den kosmischen Tanz – den intelli-

genten kosmischen Tanz –, der überall stattfindet: in Ihrer unmittelbaren Umgebung, in jedem Blatt und jedem Baum, in jedem Grashalm, in jedem Vogel und in jeder Biene, in jeder Meereswelle und in jeder Wolke am Himmel, in jeder Zelle Ihres Körpers.

## Würdigen Sie die schöpferische Kraft!

Meditieren Sie darüber, sinnen Sie immer wieder darüber nach!
Und dann würdigen Sie die universale schöpferische Kraft in all ihren Erscheinungsformen!
Lassen Sie das gigantische Ausmaß dieses Tanzes langsam in Ihr Bewusstsein einsinken. Beobachten und verinnerlichen Sie ihn mit all seinen Facetten, bevor Sie – anfangs noch vage – die Leben spendende Kraft und die kosmische Intelligenz spüren, die sich hinter der gesamten Schöpfung verbirgt, die den unendlichen Tanz, in den auch wir eingebunden sind, lenkt, koordiniert, steuert, arrangiert und organisiert.
Nennen Sie diese schöpferische Kraft, wie Sie wollen! Kosmische Intelligenz, Gott, Brahman, Allmächtiger, Himmelsmacht, Schöpfer. Wie auch immer Sie es nennen, es geht um die eine Ursache, die

hinter der Schöpfung bzw. Manifestation der Unendlichkeit aller Dinge steht.

## Die Macht des Feldes

Deepak Chopra, einer unser besten Lehrer, bezeichnet das Universum als »Vereinigtes Feld« oder »Feld des reinen Potenzials«. Ein anderer namhafter Lehrer, Emmet Fox, spricht von Gott, Geist oder Ursache.

»Gott« ist laut Emmet Fox (*Das mentale Äquivalent*) die religiöse Bezeichnung für den Schöpfer all dessen, was ist; auf der metaphysischen Ebene könnte man von »Geist« und auf der naturwissenschaftlichen Ebene von »Ursache« sprechen. Aus metaphysischer Sicht beginnt alles, was existiert, als Gedanke im Geist der einen höheren Macht. Aus der naturwissenschaftlichen Perspektive könnte man sagen, dass die gesamte Schöpfung das Ergebnis oder die Wirkung der ersten Ursache (Gott) ist und dass es keine sekundären Ursachen gibt. Diese erste Ursache kann man nicht direkt, sondern nur an ihrer Wirkung erkennen, und deshalb ist das Universum eine Manifestation oder Wirkung der Ursache bzw. Gottes.

Deepak Chopra erklärt: »Hinter dem sichtbaren

Gewand des Universums, hinter der Fata Morgana aus Molekülen, der *maya* – oder Illusion – der Körperlichkeit, liegt eine natürliche, unsichtbare, nahtlose Matrix aus nichts. Dieses unsichtbare Nichts orchestriert stumm die Natur, weist sie an, leitet sie, beherrscht sie und zwingt sie, sich mit grenzenloser Kreativität, unendlicher Fülle und unbeirrbarer Genauigkeit in Myriaden von Mustern, Formen und Gestalten auszudrücken.«

## Verinnerlichen Sie die Macht der schöpferischen Kraft

Welche Auswirkungen haben diese abstrakten Ideen auf unseren Alltag? Was bedeuten sie auf der praktischen Ebene? Wie können wir sie nutzen, um unsere Lebensqualität zu verbessern?

Die Antwort lautet: Wir sind alle Teil des unendlichen Universums und als solche unauflöslich miteinander verbunden oder »vernetzt«. Wir sind in den Tanz der unendlichen Fülle und Energie eingebunden und haben – jeder Einzelne von uns – jederzeit Zugriff auf die Stärke und Intelligenz der schöpferischen Kraft.

Es ist nur unser kleines Ego, das uns daran hindert, die Trennung – den Anschein, jeder Mensch sei eine

»Insel« – als Trugschluss zu entlarven. Es sind nur unsere Illusionen – die übernommenen und einprogrammierten, auf Unkenntnis beruhenden falschen Vorstellungen des kollektiven Bewusstseins –, die uns den Zugang zu unserer wahren Macht und der Leben spendenden, schöpferischen Kraft verwehren.

Also, lesen Sie diese Zeilen wieder und wieder, bis sie sich eingeprägt haben. Sinnen Sie darüber nach, bis das Unterbewusstsein die Ideen und Konzepte verinnerlicht und verfestigt hat – und darüber hinaus!

# 4

# Die Macht
# des Entscheidungsträgers

Die Entdeckung, dass Sie – und nur Sie – entscheiden, wie Ihr Leben verlaufen soll, wirkt befreiend. Genauso wie die Erkenntnis (sich bewusst zu machen), dass Ihnen nichts vom Leben aufgezwungen wird und weder finstere noch gütige Mächte an Ihrem Schicksalsrad drehen.

Diese Entdeckung gleicht einer Offenbarung, denn Ihnen wird mit einem Schlag klar, dass es allein in Ihrer Macht liegt, genau das Leben zu schaffen, das Sie sich immer gewünscht haben.

*Die Macht, Entscheidungen zu treffen,*
*ist das größte Geschenk des Himmels,*
*denn damit ist die Fähigkeit verbunden,*
*den mentalen Zustand zu wählen,*
*in dem wir uns befinden, und somit auch*
*unsere Erfahrungen.*

Frederick Bailes

Um zu begreifen, warum Sie der einzige Mensch sind, der bestimmt, wie Ihr Leben verlaufen soll, müssen wir uns die Funktionsweise des menschlichen Bewusstseins vor Augen halten.

In vereinfachter Form könnte man sagen, dass unser Bewusstsein aus zwei Komponenten besteht:

1. Bewusstsein (Oberflächenbewusstsein)
2. Unterbewusstsein (tieferes Bewusstsein)

Denkprozesse finden mithilfe des Bewusstseins statt. Wir nehmen unsere Umwelt bewusst wahr und wir treffen bewusst eine Wahl oder Entscheidung.

Das Unterbewusstsein reagiert auf die Denk- und Verhaltensmuster, die ihm das Bewusstsein zuspielt. Es registriert und speichert nicht nur individuelle Erinnerungen und Erfahrungen, sondern auch Erinnerungen und Verhaltensmuster, die im Zuge der Evolution entstanden und in das sogenannte kollektive Bewusstsein – das Bewusstsein der ganzen Menschheit – eingegangen sind.

Das Unterbewusstsein oder tiefere Bewusstsein schafft die persönliche Realität auf der Grundlage von Verhaltensvorlagen, die es in seinem Speicher abgelegt (oder sich eingeprägt) hat. Deshalb müssen wir, um unser Verhalten und damit die äußere

Realität zu ändern, zuerst die Muster ändern, die in unser Unterbewusstsein gelangen.

## Der Schlüssel zum Unterbewusstsein

Als Entscheidungsträger wählen Sie die Denkmuster oder Blaupausen für Ihr Leben aus, die Sie in Ihr Unterbewusstsein eingeben. Falls Ihnen die Realität nicht zusagt, mit der Sie sich derzeit konfrontiert sehen, falls es einen Bereich in Ihrem Leben gibt, in dem es nicht so läuft, wie es sollte, falls Sie unter Geldmangel, körperlichen Beschwerden oder anderen Formen der Disharmonie leiden, empfiehlt es sich, neue positive Denkmuster für Ihr Unterbewusstsein zu wählen und zu verinnerlichen. Denn die äußere Realität spiegelt nur die tief verwurzelten inneren, sprich mentalen Programmierungen wider.

Das ist eine Entdeckung von unermesslicher Tragweite!

Sie weist nämlich darauf hin, dass es uns Menschen von Natur aus freisteht, unser Leben selbst in die Hand zu nehmen. Es steht uns frei, neue Denkmuster und neue Blaupausen zu entwickeln und dadurch eine völlig neue persönliche Realität zu schaffen, die unseren eigenen Vorstellungen entspricht!

## Beständige Wachsamkeit

Der erste Schritt auf dem Weg zur Veränderung mentaler Gewohnheiten besteht darin, sie bewusst wahrzunehmen. Sobald Sie diese Denkmuster beobachten, werden Sie feststellen, dass 99 Prozent Ihrer heutigen Gedanken eine Wiederholung dessen sind, was Sie gestern gedacht haben. Kaum zu glauben, aber wahr: *99 Prozent Ihrer heutigen Gedanken sind eine Wiederholung dessen, was Sie gestern gedacht haben.* Wenn Sie immer noch zweifeln, versuchen Sie, Ihre Gedanken einen Tag lang aufmerksam zu verfolgen. Wie viele *vollkommen neue Gedanken waren darunter?*

Falls Sie gestern besorgte, angsterfüllte, mutlose, zynische oder andere negative Gedanken hatten, genau wie vorgestern und vorvorgestern, spiegelt Ihre persönliche Realität dieses mentale Muster wider. Mit anderen Worten: Diese eingefleischten, sich wiederholenden negativen Denkmuster machen sich irgendwann als Disharmonie, Problem, gesundheitliche Störung, Schwäche oder Misserfolg in irgendeinem Bereich des Lebens bemerkbar. Diese Erkenntnis bringt Sie einen großen Schritt weiter. Sobald Sie diese Muster bewusst wahrnehmen, können Sie Ihre mentalen Gewohnheiten aufspüren und ändern.

Doch die Veränderung mentaler Muster erfordert fortwährende Wachsamkeit, denn sie verwandeln sich schnell in eingefleischte mentale Gewohnheiten. Und wie bei allen anderen Gewohnheiten erfordert der erste Schritt das entschlossene Bemühen, sie auszuhebeln, das heißt, negative Denkmuster durch positive zu ersetzen.

## Erste Gedanken am Morgen

Wenn Sie Ihren mentalen Mustern auf die Spur kommen wollen, machen Sie sich eine mentale Notiz, in den nächsten zehn Tagen auf die ersten Gedanken zu achten, die Ihnen nach dem Aufwachen durch den Kopf gehen. Denken Sie als Erstes:

Was für ein herrlicher Tag! Ich freue mich darauf, weil ich weiß, dass ich heute etwas Neues, Wunderbares erleben werde.
Verflixt, warum muss der Wecker ausgerechnet jetzt klingeln, wo ich gerade eingeschlafen bin! Ich habe die ganze Nacht kein Auge zugetan. Ich weiß nicht, wie ich den heutigen Tag durchstehen soll.
O Gott, ich halte es keinen Tag länger in dieser Tretmühle aus. Ich hasse meinen Job und

weiß, dass ich damit nur mein Leben und mein Talent vergeude.

Das Leben ist wunderbar! Ich kann es kaum erwarten, meinem Mann (meiner Frau) zu sagen, wie sehr ich ihn (sie) liebe, und meinen Kindern einen dicken Kuss zu geben. Ich bin ein Glückspilz.

Diese Übung ist vor allem deshalb interessant, weil die ersten Gedanken nach dem Aufwachen, wie alle anderen mentalen Muster, dem Tag einen charakteristischen Anstrich verleihen. Wenn Sie sich diese Muster bewusst machen, werden Sie feststellen, dass Sie beinahe jeden Tag mit ähnlichen Gedanken einläuten.

## Ändern Sie das mentale Muster, mit dem Sie den Tag beginnen

Die Veränderung des mentalen Musters, mit dem Sie den Tag beginnen, ist ein guter Anfang, um neue Gedanken und neue mentale Programmierungen zu wählen. Vermutlich hat Anthony Robbins deshalb fünf Fragen entwickelt (siehe *Das Robbins Power Prinzip*), die Sie in den richtigen mentalen Zustand versetzen und für einen guten Start in den

neuen Tag sorgen. Eine wirkungsvolle Methode, die Sie unbedingt ausprobieren sollten!

## Anthony Robbins' fünf Fragen nach dem Aufwachen

1. Worauf bin ich stolz in meinem Leben?
2. Wofür bin ich dankbar?
3. Wer liebt mich und wen liebe ich?
4. Was gefällt mir an meiner derzeitigen Situation?
5. Was kann ich heute tun, um mein Leben zu verbessern?

Ich schlage vor, dass Sie diese Fragen mindestens zehn Tage lang jeden Morgen nach dem Aufwachen beantworten, bis sich ein positives mentales Muster eingeprägt hat.

## Neue Nahrung für das Unterbewusstsein

Kommen wir nun auf die Beziehung zwischen Bewusstsein und Unterbewusstsein zurück. Um Ihr Leben, Ihre Realität zu ändern, müssen Sie mit Bedacht Worte, Gedanken und Emotionen (mentale

Muster) für Ihr Unterbewusstsein wählen, die positiv, liebevoll, lebensfroh und der Gesundheit zuträglich sind. Nur wenn es Ihnen gelingt, tief verwurzelte mentale Programmierungen oder Überzeugungen zu ändern, die eine negative Note haben, werden sich erste Veränderungen in der »Außenwelt« abzeichnen, das heißt in Ihren Erfahrungen und Ihrem äußeren Umfeld.

Anders ausgedrückt: Sie demonstrieren oder offenbaren Ihre tiefsten Überzeugungen. Sie demonstrieren (manifestieren) die Muster, die sich Ihrem Unterbewusstsein eingeprägt haben – und nicht das, was Sie nach eigener Aussage gerne glauben würden oder zu glauben meinen.

Wenn Sie Menschen begegnen, deren verbale Äußerungen nicht mit der Realität ihres Alltags übereinstimmen, sagt das einiges über ihre wahre Lebenssituation und ihre wahren Überzeugungen aus. Ihr Leben offenbart, was sie im tiefsten Innern glauben (die Muster in ihrem Unterbewusstsein), obwohl sie sich dieser tief verwurzelten mentalen Konditionierungen oder Gewohnheiten nicht bewusst sein müssen.

## Neuprogrammierung des Unterbewusstseins

Deshalb zielen alle Methoden in diesem Buch darauf ab, das Unterbewusstsein neu zu programmieren. Alle Methoden basieren auf zwei Aktivitäten: auf der bewussten Wahl neuer mentaler Muster, und auf deren fortlaufender Wiederholung, bis sie vom Unterbewusstsein akzeptiert und zur Gewohnheit geworden sind.

Deshalb empfehle ich die tägliche Wiederholung von Affirmationen (positiven Selbstsuggestionen), einer mentalen Therapiesitzung oder Visualisierungsübungen über einen Zeitraum von mindestens dreißig Tagen – so lange dauert es nämlich, bis sich die neuen mentalen Muster im Unterbewusstsein verankert haben.

Einzelheiten über viele effektive Methoden zur Neuprogrammierung des Unterbewusstseins finden Sie in meinem Buch *Fast Food für die Seele – Einfach das Leben ändern.*

## Die Sieben-Tage-Mentaldiät

In seinem Buch *Macht durch konstruktives Denken*, das in den Dreißigerjahren entstand, präsentiert Emmet Fox seine Sieben-Tage-Mentaldiät. Sie

33

stellt eine der wirksamsten Möglichkeiten dar, sich eingeschliffene mentale Gewohnheiten bewusst zu machen. Fox skizziert die ersten grundlegenden Schritte, um mentale Muster zu ändern und das Unterbewusstsein neu zu programmieren.

Das Rezept lautet, sieben Tage lang keinem einzigen negativen Gedanken nachzuhängen, gleich wann oder gleich welcher Art. Stattdessen sollte man sich eine Woche lang beobachten, wie eine Katze eine Maus beobachtet; man darf, unter welchem Vorwand auch immer, keinen Gedanken zulassen, der nicht positiv, konstruktiv, optimistisch und freundlich ist.

Fox weist darauf hin, dass diese Diät anstrengender ist als jede physische Entsprechung, deshalb sollte man vorab gut überlegen, worauf man sich einlässt. Doch nach sieben Tagen ungebrochener mentaler Disziplin hat das Bewusstsein ein für alle Mal einen neuen Kurs eingeschlagen, von dem es kein Zurück mehr gibt.

Negative Gedanken schließen laut Fox Gedanken an Misserfolg, Enttäuschung oder Probleme ein; Gedanken, die überspitzte Kritik, Boshaftigkeit, Eifersucht, Missbilligung oder Selbstverurteilung beinhalten; Gedanken an Krankheit oder Unfall; kurz gesagt, jede Form der mentalen Beschränkung oder pessimistischen Einstellung. Jeder Gedanke,

der nicht positiver und konstruktiver Natur ist, gleich ob er uns selbst oder andere betrifft, ist in seinen Augen ein negativer Gedanke.

Fox erklärt, dass wir unsere Gedanken nicht hundertprozentig kontrollieren können, weil sie wie von Zauberhand im Kopf auftauchen. Deshalb sollte man bei einer mentalen Diät auf eines achten: Sobald man einen negativen Gedanken entdeckt, gilt es, ihn umgehend auf die Reise zu schicken und durch einen positiven zu ersetzen. Sie boykottieren den Erfolg der Diät (sozusagen), wenn Sie einem negativen Gedanken nachhängen. Mit anderen Worten: Wenn sich ein negativer Gedanke in Ihr Bewusstsein einschleicht und Sie merken, dass Sie darüber nachsinnen oder Gefallen daran finden, haben Sie Ihre Sieben-Tage-Mentaldiät unterbrochen und müssen wieder von vorne beginnen!

## Machen Sie sich an die Arbeit, so oder so!

Vielleicht fragen Sie sich, ob Sie während der mentalen Diät in einem Vakuum leben müssen. Nein, keineswegs! Um Ihre mentale Diät nahtlos fortzusetzen, sollten Sie den Horrormeldungen in der Zeitung oder im Fernsehen ebenso wenig Beach-

tung schenken wie Menschen am Arbeitsplatz oder im Privatbereich, die fortwährend jammern, klagen oder durch und durch negativ »gepolt« sind. Verzichten Sie darauf, ihnen mental zuzustimmen oder auf ihre Äußerungen einzugehen. Die mentale Diät wird weder von anderen Menschen noch von äußeren Ereignissen oder Einflüssen beeinträchtigt, solange Sie sich nicht den Kopf über die negativen Geschehnisse oder Berichte zerbrechen, die Ihnen von anderen zugetragen werden. Wenn Sie dafür sorgen, dass Ihre eigenen Gedanken positiv und konstruktiv bleiben, setzen Sie Ihre mentale Diät ungebrochen fort.

## Ein Abenteuer, das Mut verlangt

Die Sieben-Tage-Mentaldiät ist ein Abenteuer, das Mut und Durchhaltevermögen verlangt. Das kann ich aus eigener Erfahrung bestätigen, denn ich greife immer wieder einmal auf sie zurück. Aber sie wirkt Wunder und öffnet einem die Augen, denn wenn man sich darauf einlässt, wird man sich schmerzlich der eigenen negativen mentalen Muster und Gewohnheiten bewusst. Die mentale Diät kann sehr aufschlussreich und geradezu peinlich sein. Doch sie bietet eine fantastische Möglichkeit,

herauszufinden, was in unserem Kopf vorgeht. Deshalb empfehle ich Ihnen von ganzem Herzen, sie sich hin und wieder sieben Tage lang zu verordnen. Sie kann auch Ihr Leben von Grund auf verändern!

# 5

# Die Macht
# der Mentaltechnologie

Alle Methoden, die ich in diesem Buch beschreibe, lassen sich verschiedenen Mentaltechnologien zuordnen. Dieser von mir geprägte Begriff beschreibt die mentalen Instrumente, die Sie benutzen können, um das Leben zu realisieren, das Sie sich schon immer gewünscht haben. Mentaltechnologien beinhalten spezifische Methoden oder Möglichkeiten, Denkprozesse und somit auch den Manifestationsprozess in Ihrem Leben zu steuern.

Der Manifestationsprozess umfasst: Gedanken → Worte → Manifestation auf der äußeren Ebene.

Alle Methoden oder Mentaltechnologien zielen darauf ab, Ihnen bei der Neuausrichtung mentaler Prozesse zu helfen, sodass Ihre Gedanken, Worte und Werke unbeirrt und in Übereinstimmung mit dem höchsten Guten erfolgen, das Sie sich vorstel-

len können. Damit bringen Sie sich in Einklang mit der unbegrenzten Macht des Universums, die das Gute repräsentiert (die Erklärung, warum das so ist, finden Sie im 15. Kapitel über *Die Macht des Guten*).

Die in meinem Buch *Fast Food für die Seele* geschilderten grundlegenden Mentaltechnologien – Affirmationen und Visualisierung – stellen ebenso einfache wie wirksame Mittel dar, Denkprozesse auf das höhere Gute zu »eichen«, das Sie in Ihrem Leben manifestieren möchten.

## Das mentale Gesetz

Diese Methoden oder Mentaltechnologien sind deshalb so wirksam, weil sie auf einem objektiven, unpersönlichen mentalen Gesetz basieren.

Was versteht man unter einem Gesetz im naturwissenschaftlichen Sinn? Ein Gesetz beschreibt einen Zusammenhang, der sich als Formel darstellen lässt und jeder Nachprüfung standhält. Es definiert ein Ereignis oder Phänomen, das immer, überall und für jeden Einzelfall gilt. Ein Gesetz beschreibt, wie Phänomene generell wirken, unabhängig von der Situation. Das Gesetz der Schwerkraft ist ein anschauliches Beispiel. Es trifft auf jeden zu: Wenn

Sie aus dem zehnten Stock eines Hochhauses springen, schlagen Sie auf dem Boden auf, gleich ob Sie Präsident der Vereinigten Staaten oder Putzfrau sind, denn das Gesetz entfaltet seine Wirkung ohne Ansehen der Person. Es gibt keine Ausnahmen von der Regel. Solche Gesetze beschreiben objektive, unpersönliche Phänomene, die automatisch ihren Lauf nehmen, zu jeder Zeit, an jedem Ort und bei jedem Menschen.

Das Gleiche gilt für mentale Gesetze. Sie beschreiben den Ablauf mentaler Phänomene und auch sie sind unwandelbar. Das grundlegende mentale Gesetz, das die menschliche Existenz auf dieser Ebene reguliert, lautet:

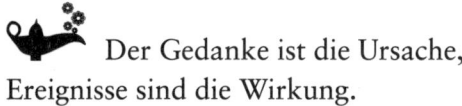 Der Gedanke ist die Ursache,
Ereignisse sind die Wirkung.

Dieses grundlegende Gesetz von Ursache und Wirkung ist das wichtigste mentale Gesetz. Es besagt, dass die Gedanken unsere jeweiligen Lebensumstände schaffen und nicht umgekehrt.

Wenn Sie dieses Gesetz verstanden und seine Bedeutung erkannt haben, halten Sie den Schlüssel in den Händen, um Ihr Leben zu transformieren – denn Sie sind die einzige Person, die es anwenden kann. Das Gesetz erläutert, wie und warum Sie, als

höchste Entscheidungsinstanz in Ihrem Leben, die Macht haben, Ihr Leben von Grund auf umzugestalten. Da der Gedanke der Kausalfaktor im Universum ist, steuern Sie den Lauf Ihres Lebens, indem Sie den Lauf Ihrer Gedanken steuern. Und da Sie der einzige Mensch sind, der Ihren Gedanken Gestalt verleiht, haben Sie – und nur Sie – die Macht, diese Gedanken in die gewünschte Bahn zu lenken, um genau das Leben zu schaffen, das Sie sich schon immer gewünscht haben.

Bis Sie diesen Mechanismus verstanden haben, sind Sie an ihn gefesselt, ihm hilflos ausgeliefert. Sobald Sie begriffen haben, was er beinhaltet, halten Sie den Schlüssel zur Freiheit in der Hand.

## Die Bedeutung der Mentaltechnologie

Warum ist die Mentaltechnologie so wichtig? Sie ist wichtig, weil alle Versuche, unser Leben und das Leben auf dem Planeten Erde generell zu verbessern, von vornherein zum Scheitern verurteilt sind, solange wir nicht begreifen, dass der Manifestationsprozess auf dem Gesetz von Ursache und Wirkung beruht. Zumal diese Bemühungen darauf abzielen, Veränderungen im Außen herbeizuführen, also die Wirkung zu beeinflussen.

Wenn wir die Mentaltechnologie anwenden, richten wir unser Augenmerk auf die Ursache. Sie ist ausschlaggebend für den wahren Erfolg.

Sobald wir erkennen, dass *Gedanken der Schlüssel zum Schicksal sind*, wird uns klar, dass wir es mit der Wirkung und nicht mit der Ursache zu tun haben, wenn wir soziale und politische Veränderungen anstreben – mag dieses Unterfangen auch noch so löblich sein. Wir können auf der äußeren Ebene mithilfe von Gesetzen für Recht und Ordnung sorgen, doch wenn wir das Gesetz von Ursache und Wirkung begriffen haben, wissen wir, dass richtiges Verhalten das Ergebnis richtiger Gedanken ist. Das heißt nicht, dass wir die Hände in den Schoß legen und auf sämtliche Maßnahmen in der Außenwelt verzichten sollten, die ein Zusammenleben in Frieden und Harmonie fördern (siehe 16. Kapitel über *Die Macht der Vision*). Aber der nächste, dringlichste Schritt in unserer persönlichen Entwicklung sollte darin bestehen, uns die wahre Natur von Ursache und Wirkung bewusst zu machen. Wenn wir diesen Faden weiterspinnen, wird offensichtlich, warum sich auch die sogenannten New-Age- oder alternativen Methoden auf die Veränderung oder Beeinflussung von Gegebenheiten in der Außenwelt stützen. Natürlich ist es empfehlenswert, sich ausgewogen zu ernähren, auf Natur-

heilmittel zurückzugreifen, dem Körper zum Ausgleich mehr Bewegung zu verschaffen und mit harmonisierenden psychologischen Methoden zu arbeiten, aber alle diese »Therapien« konzentrieren sich auf das Außen – auf die Wirkung und nicht die Ursache. Wenn wir am inneren Schicksalsrad drehen, wenn wir beginnen, unseren mentalen Fokus in eigener Regie festzulegen und auf das höchste Gute zu richten, erreichen wir interessanterweise auf Anhieb einen mentalen Zustand des Friedens und der Harmonie. Dann legen wir automatisch Wert auf eine gesunde, ausgewogene Ernährung, behandeln unsere Mitmenschen, die Erde und uns selbst achtsam und liebevoll.

Alle Methoden, die den Blick auf die Außenwelt oder andere Orientierungshilfen lenken – gleich ob es sich um die Sterne, das I Ging, Tarotkarten, ein lokales Medium, einen hellsichtigen Leser, eine Person mit übersinnlichen Kräften oder einen Guru handelt –, befassen sich mit den Wirkungen und nicht mit den Ursachen. Doch damit geben Sie Ihre Macht aus der Hand, überlassen sie anderen. Wenn Sie verstehen, dass die Gedanken der Schlüssel zum Schicksal sind, werden Sie nicht mehr von anderen abhängig sein wollen, die Ihre Realität für Sie deuten, sondern diese Aufgabe selbst wahrnehmen!

## Wie Sie den richtigen Kurs einschlagen und halten

Wenn Sie erkannt haben, dass die Mentaltechnologie der Schlüssel zu grundlegenden Veränderungen in Ihrem Leben ist, wird klar, dass Sie nichts weiter tun müssen, als den richtigen Kurs einzuschlagen und zu halten. Damit meine ich, dass Sie Ihre Gedanken, Worte und Taten auf die wahre Natur der Realität ausrichten, die ein Synonym für das höchste Gute ist, das Sie sich vorstellen können. Bleiben Sie auf diesem Kurs, ungeachtet dessen, was Ihnen die Außenwelt zu präsentieren scheint.

Behalten Sie Ihren Fokus – Liebe, Gesundheit, Frieden, Harmonie – und den eingeschlagenen Kurs bei, komme, was da wolle.

Da Sie wissen, dass Gedanken der Kausalfaktor im Universum sind, ist es nur eine Sache der Zeit, bis sich ihre Wirkung offenbart – und sich auf der äußeren Ebene manifestiert.

# 6

# Die Macht
# der bewussten Wahrnehmung

Um Ihre Kraft und Energie zu erhöhen, Ihre Macht zu stärken und Ihre Lebensumstände zu verbessern, sollten Sie sich darin üben, die Welt aus dem richtigen Blickwinkel »wahrzunehmen«.

Das bedeutet: Fokussieren Sie Ihre Aufmerksamkeit auf die positiven Aspekte, die allen Menschen und Situationen bereits zu eigen sind. Wenn Sie sich auf das Gute konzentrieren, das sich hinter allem und jedem verbirgt, bringen Sie es zum Vorschein. Wie ein Zauberer, der über magische Kräfte verfügt. Damit werden Sie Ihrem Leben neuen Glanz verleihen. Die Leute werden anfangen, Sie zu fragen, worin Ihr Trick – Ihr Geheimnis – besteht.

## Schönheit erkennen

Nehmen Sie sich eine halbe Stunde Zeit, um sich in eine stille Ecke zurückzuziehen und Ihre Aufmerk-

samkeit auf die schönen Dinge des Lebens zu richten, die Ihnen jetzt schon offen stehen. Dabei werden Sie feststellen, dass man sie überall findet, in unterschiedlichster Form. Dazu gehört vielleicht die Vase mit den gelben Blumen auf dem Tisch vor Ihnen, das Lächeln Ihrer Tochter, die aufgeregte Miene des kleinen Jungen im Supermarkt ... aber auch die Freundlichkeit Ihres Hausarztes, die Hilfsbereitschaft des Filialleiters Ihrer Bank, die unerwartete Wärme Ihrer Schwester beim gestrigen Treffen oder das Gefühl der Zufriedenheit nach der erstklassigen Präsentation, die Sie soeben geliefert haben.

Die Liste lässt sich endlos fortsetzen, wenn Sie erst einmal damit begonnen haben. Doch die Übung lohnt sich, denn wie können Sie erwarten, das Gute zu genießen, von dem Sie träumen, wenn Sie meinen, dass es in weiter Ferne liegt? Sollten Sie insgeheim glauben, dass es sich außerhalb Ihrer Reichweite befindet, wird es vermutlich unerreichbar bleiben, denn das Leben hat die Neigung, sich genau so zu entwickeln, wie es unserer innersten Überzeugung entspricht.

## Kraft spüren

Wenn Sie sich schwach und ausgelaugt fühlen, wenn Sie verzweifelt, vom Leben ernüchtert oder von sich selber enttäuscht sind, schlage ich vor, dass Sie Ihre Aufmerksamkeit mindestens eine Woche lang darauf richten, die Kraft wahrzunehmen, die Sie umgibt. Ich garantiere Ihnen, diese Übung wirkt belebend.

Nehmen Sie sich wieder eine halbe Stunde Zeit, um sich in eine stille Ecke zurückzuziehen. Schließen Sie die Augen und konzentrieren Sie sich auf die Kraft, die allem innewohnt, was existiert. Sie ist überall in Hülle und Fülle vorhanden – die Kraft des Universums, die Kraft, die wir als Leben bezeichnen. Begeben Sie sich auf einen imaginären Spaziergang und richten Sie Ihre Aufmerksamkeit auf die Kraft der Natur. Nehmen Sie die Kraft der Erde wahr, die Kraft eines mächtigen Baumes, die Kraft des Meeres, das gegen das Ufer brandet, die Kraft des Windes und der Flüsse; fokussieren Sie sich auf alles, was Sie innerlich stärkt. Dann richten Sie Ihr Augenmerk auf die Menschen in Ihrem Umfeld. Nehmen Sie die Vitalität Ihrer Nachbarn wahr, ihre Energie, ihre Lebendigkeit – die gleiche Lebendigkeit, die auch Sie beseelt. Halten Sie sich vor Augen, wie sich diese Kraft anfühlt. Gestatten

Sie Ihrem Körper, allein bei dem Gedanken daran eine vibrierende Spannung aufzubauen. Spüren Sie die Lebenskraft, die in Ihnen pulsiert.

Wie können Sie erwarten, sich innerlich stark zu fühlen oder Stärke zu entfalten, wenn Sie sich die Möglichkeit verwehren, sie jetzt schon zu genießen?

Das Geheimnis liegt darin, die Kraft auszukosten, die Sie bereits besitzen – das Leben, das Ihnen geschenkt wurde. Denn alles, worauf Sie Ihre ungeteilte Aufmerksamkeit richten, wächst.

## Das Gute sehen

Ganz gleich wer Sie sind und in welcher Situation Sie sich befinden, in Ihrem Leben gibt es viel Gutes, auch wenn es Ihnen noch nicht bewusst sein sollte. Weil Sie das größte Geschenk besitzen, das es gibt: das Leben selbst. Das bedeutet, dass alles Gute im Universum Ihnen bereits gehört. Sollten Sie anderer Meinung sein, liegt das nur daran, dass Sie das Wissen um Ihre wahre Natur und Ihre wahre Macht tief in sich vergraben haben. Sie haben vergessen, dass Sie als einzige Entscheidungsinstanz in Ihrem Leben mit der Macht des Fokus ausgestattet sind. Und da es ausschließlich Ihnen obliegt, den

Fokus Ihrer Aufmerksamkeit zu wählen, sind Sie – und nur Sie – für das Leben verantwortlich, das Sie derzeit führen, haben es kraft Ihrer Gedanken »zum Vorschein« gebracht. Sollte dieses Leben nicht Ihren Wünschen entsprechen, liegt es daran, dass Sie vergessen haben, über wie viel Macht Sie verfügen. Da Ihnen entgangen ist, welcher Mechanismus sich dahinter verbirgt, waren Sie überzeugt, dass Ihnen das Schicksal schlechte Karten ausgeteilt hat – dass Sie ein Opfer der Umstände sind. Doch das ist ein Trugschluss, denn das Leben, das Sie derzeit führen, haben Sie sich selbst ausgesucht, wählen Sie in jeder Minute neu.

Wenn Sie diesen Mechanismus verstehen, werden Sie auch das Gute wahrnehmen, das nur darauf wartet, von Ihnen erwählt zu werden.

Das ist ein Geheimnis, das die Weisen von jeher kannten: Das Gute, das Sie suchen, ist längst vorhanden. Doch Sie sind der einzige Mensch – Sie ganz allein –, der es in Ihrem Leben herbeiführen kann. Bis dahin schlummert es im Verborgenen, wie Dornröschen – und wartet darauf, von Ihnen wachgeküsst zu werden.

## Weisheit entdecken

Und was ist mit der menschlichen Intelligenz? Haben Sie das Gefühl, dass es in Ihrem Umfeld an intelligentem Verhalten mangelt? Wenn ja, so spiegelt Ihnen die Außenwelt nur Ihren inneren Fokus wider.

Sich auf die Unwissenheit anderer zu konzentrieren ist genauso zerstörerisch, als wenn man fortwährend an Armut und Mangel denkt. Beides läuft auf dasselbe hinaus.

Sollte das bei Ihnen der Fall sein, ist es vielleicht an der Zeit, sich in eine stille Ecke zurückzuziehen und die Weisheit und Intelligenz wahrzunehmen, die überall präsent sind – die in allem und durch alles wirken, was Sie in diesem Augenblick umgibt. Diese Sichtweise beinhaltet mehr, als sich auf die genialen Einfälle der Natur zu konzentrieren, die man auf den ersten Blick erkennt. Hier geht es um einen verschärften Fokus, eine verstärkte Wahrnehmung, denn Sie richten Ihr Augenmerk auf eine Form der Intelligenz, die Ihren Nachbarn und allen Menschen, denen Sie begegnen, in die Wiege gelegt wurde. Eine Weisheit, die sie im Alltag durch ihre Aktionen und Aktivitäten zum Ausdruck bringen. Wenn Sie genau hinschauen, werden Sie entdecken, dass diese Intelligenz immer und überall vorhan-

den ist, uneingeschränkt und von jeher; Sie haben sie nur nicht wahrgenommen – vielleicht weil Sie in ungebührlicher Eile waren. Deshalb schlage ich vor, dass Sie sich nun die Zeit nehmen, bewusst darauf zu achten. Wenn Sie dann immer noch der Meinung sind, dass es in Ihrem Umfeld an Intelligenz mangelt, sollten Sie sich jeden Tag mindestens eine halbe Stunde in aller Ruhe hinsetzen und auf die Intelligenz konzentrieren, die sich allenthalben offenbart.

Auch hier gilt: Um Intelligenz zu erleben, muss man sie zuerst erkennen.

## Bewusste Wahrnehmung

Die Welt bewusst wahrzunehmen ist eine Möglichkeit, das wahrhaft Gute in Ihrem Leben zu manifestieren. Wenn Sie Liebe wahrnehmen wollen, konzentrieren Sie sich auf die Liebe, die in allen Menschen und Dingen ringsum zum Ausdruck kommt. Ziehen Sie sich in eine stille Ecke zurück und sehen Sie die Liebe vor sich, die Ihre Freunde, Ihre Familie, Nachbarn oder Kollegen erkennen lassen. Sehnen Sie sich nach Schönheit? Dann halten Sie bewusst danach Ausschau und Sie werden merken, dass es auch daran nicht mangelt. Haben

Sie das Gefühl, nicht gerade mit Wohlstand gesegnet zu sein? Dann richten Sie Ihr Augenmerk auf die Fülle, die überall vorhanden ist, in Ihrem Leben und im Leben anderer Menschen.

Der Entschluss, am inneren Schicksalsrad zu drehen, ist wichtig, um zu begreifen, dass das Gefühl der Dankbarkeit für die Fülle und Schönheit, die Sie umgibt – gleich ob Sie diese besitzen oder nicht – der schnellste Weg ist, um Fülle und Schönheit in Ihrem eigenen Leben zu manifestieren.

Denn wenn Sie die Chance ergreifen, die Welt bewusst wahrzunehmen, werden Sie feststellen, dass Ihnen das Gute geradezu ins Auge springt. Und bald überall auftaucht, auf magische Weise.

# 7

# Die Macht
# des freudigen Gebens

Unser Zuhause, das unendliche Universum, ist eine Quelle der unerschöpflichen Fülle und des nie versiegenden Wohlstands, ein facettenreicher kosmischer Tanz, ein mächtiger Energiestrom, der fortwährend zirkuliert und seine Form verändert.

Wir Menschen sind Lichttänzer – lokalisierte Kraftfelder – in diesem massiven, sich stetig wandelnden Energiefeld, in dem wir beheimatet sind. Die Fülle, die dieses Feld prägt, ist Teil unserer wahren Natur. Deshalb führt alles, was wir (aus Angst oder Unwissenheit) tun, um diesen überwältigenden Energiefluss einzudämmen, zu blockieren oder zum Stillstand zu bringen, zwangsläufig zu Einschränkungen, Ungleichgewichten, Stagnation, Problemen, Mangel und/oder physischen und mentalen Krankheiten.

Die Kunst des Gebens und Nehmens zu erlernen ist daher von zentraler Bedeutung. Da die Energiezirkulation ein grundlegendes Merkmal des Univer-

sums darstellt, ist sie auch ein grundlegendes Element unserer eigenen menschlichen Natur.


## Geben ...

Wenn Sie geben, bringen Sie Energie in Umlauf. Folglich befinden Sie sich in Einklang mit der wahren Natur des Universums.

Es gibt viele Möglichkeiten, zu geben oder dafür zu sorgen, dass Energie zirkuliert. Wir können einem Menschen Liebe schenken, ihm unsere Dienste oder Hilfe zuteil werden lassen, ihm Lob spenden, ihn mit Freude und einem Lachen beglücken, ihm Verständnis und Ermutigung entgegenbringen. Wir können jemandem unseren Segen geben. Wir können ihn mit materiellen Gaben verwöhnen, ihm mit positiven Worten, Gedanken und Gefühlen Gutes tun, ihm Zeit widmen oder ihm mit Geld aus einer Notlage helfen. Denken Sie daran:

Zuerst geben, dann nehmen!
Geben Sie das, was Sie selbst gerne hätten!
Wünschen Sie anderen, was Sie sich selbst wünschen!

## ... und Nehmen

Dieser mächtige Energiefluss ist dabei keine Ein-
bahnstraße. Er gleicht eher einem unendlichen
Kreislauf. Diese Zirkulation erfordert nicht nur die
Bereitschaft, zu geben, sondern auch zu nehmen,
die Fülle des Universums freudig und dankbar zu
begrüßen, in welcher Form sie auch in Erscheinung
treten mag.

Das heißt: Seien sie ein williger Empfänger! Wenn
Sie jemals einem Menschen begegnet sind, der sich
ziert oder sträubt, ein Geschenk anzunehmen, wissen Sie, was ich meine. Es ist eine Enttäuschung,
jemandem mit Großherzigkeit zu begegnen, der
nichts damit anzufangen weiß.

Ein unwilliger Empfänger blockiert nicht nur den
Energiefluss in Ihre Richtung, sondern untermi-
niert ihn darüber hinaus auch noch mit einer negativen Affirmation.

Sollten Sie zögern oder verdrießlich reagieren, wenn
das Universum sein Füllhorn auf Ihrer Türschwelle
ausgießt, sagen Sie damit im Grunde, dass Sie es
nicht wert sind, ein solches Geschenk zu erhalten,
oder das Gefühl haben, es stünde Ihnen nicht zu.
Und Sie zeigen außerdem, dass Sie die wahre Natur
des Universums nicht verstanden haben. Wenn Sie
Ihre Unkenntnis weiterhin bestätigen, indem Sie

die Geschenke des Universums nur widerstrebend annehmen, dürfen Sie sich nicht wundern, wenn sie ausbleiben, und zwar ziemlich bald.

Wenn sich das nächste Mal etwas Gutes vor Ihrer Haustür ereignet, wie unerklärlich oder unverhofft auch immer, sollten Sie es mit offenen Armen empfangen – gleich ob Geschenke, Geld, Lob, Hilfe, Dienste, Komplimente, Unterstützung, Ermutigung, neue Chancen oder ein unerwarteter Segen. Nehmen Sie dankbar an, was Ihnen gegeben wird, in welcher Form diese Energie Ihnen auch zufließen mag.

Oder wie Emmet Fox in *Das mentale Äquivalent* sagte: »Was wir für das Universum sind, wird das Universum für uns sein; das, was wir geben, gleich ob Großzügigkeit oder Geiz, erhalten wir zurück; Gleiches zieht Gleiches an; was der Mensch sät, wird er ernten; niemand entgeht diesem Gesetz.«

## Mit Freuden geben

Sobald wir dieses Gesetz, das heißt die wahre Natur des Universums, verstanden haben, sobald wir uns als Teil des universalen Tanzes begreifen, als Teil eines massiven Energieaustausches, können wir nicht umhin, mit Freuden zu geben und zu neh-

men! Die Freude ist beim Geben und Nehmen gleichermaßen wichtig ...

Denn das Universum liebt Menschen, die gerne und von Herzen geben!

Hatten Sie schon einmal den Eindruck, dass Ihnen jemand ein Geschenk gemacht hat, weil er sich dazu verpflichtet fühlt? Wenn ja, hätten Sie vermutlich gerne darauf verzichtet. Denn Geschenke ohne Freude sind null und nichtig. Vermutlich deshalb, weil Freude – reine Freude – ein weiterer Aspekt der Natur des Universums ist.

## Die Quelle aller Dinge erkennen und würdigen

Wenn Sie erkannt haben, dass das Universum die einzige Quelle aller Dinge und die einzige Quelle des Guten ist, haben Sie Grund zum Jubeln. Und wenn Sie tief in Ihrem Innern wissen und verstehen, dass das unendliche Universum alles geschaffen hat, was ist, Sie selbst eingeschlossen, und dass Sie Teil dieser unermesslichen kosmischen Ordnung sind, in der absolute und unerschöpfliche Fülle herrscht, sollten alle Ängste hinsichtlich des Gesetzes vom Geben und Nehmen auf Anhieb verschwinden. Denn:

Mit Freuden geben bedeutet, dass Sie
die wahre Natur der Realität verstanden haben.

Mit Freuden geben bedeutet, dass Sie dem Universum vertrauen.

Mit Freuden geben bedeutet, dass Sie wissen,
wer Sie sind.

Mit Freuden geben bedeutet, dass Sie sich immer und überall auf der Welt zu Hause fühlen,
denn Ihr Zuhause ist das unendliche Universum.

Mit Freuden geben bedeutet, dass Sie spüren,
es ist genug für alle da, in einer nie versiegenden Fülle.

Mit Freuden geben bedeutet, dass Sie sich als
Teil eines mächtigen, grenzenlosen Energie-
flusses fühlen. Wie könnte es Ihnen da an etwas mangeln?

### Sie können immer geben

Ungeachtet Ihrer derzeitigen Situation können Sie
das Gesetz der Energiezirkulation in Ihrem Leben
jederzeit aktivieren. Weil Sie immer etwas haben,
das Sie – mit Freuden – geben können.

Auch wenn Sie glauben, arm wie eine Kirchenmaus zu sein, findet sich immer ein Geschenk. Ein Kompliment ist ein Geschenk oder ein paar Stunden Zeit, die Sie aufwenden, um jemandem zu helfen. Sie können Ermutigung oder Unterstützung bei einem Projekt bieten, jemandem einen Blumenstrauß mitbringen, den sie auf einer Wiese gepflückt haben, oder einer Freundin Aufmerksamkeit schenken, eines der kostbarsten Besitztümer ... Es gibt zahllose Möglichkeiten, die Energie des Universums in Ihrem Leben zu aktivieren, ungeachtet Ihrer persönlichen Situation (siehe 9. Kapitel über *Die Macht der unerschöpflichen Geldquelle*).

Wenn Sie also Wohlstand anstreben, begeben Sie sich unverzüglich ans Werk. Setzen Sie den Energiefluss in Ihrem Leben durch Zirkulation in Bewegung. Geben und nehmen Sie beherzt!

*Eine ungenutzte Chance zu geben
ist eine ungenutzte Chance zu nehmen.*
John P. Speller

## Geben durchbricht den Stillstand

Wenn Sie sich in einer Sackgasse befinden, unglücklich sind oder ein physisches oder mentales

Problem haben, bedeutet das, dass in Ihrem Leben irgendetwas in irgendeinem Bereich zum Stillstand gekommen ist. Um diese Stagnation aufzulösen, sollten Sie beherzt und mit Freuden geben!

Geben – beherzt und mit Freuden – öffnet blockierte Kanäle und löst die Stagnation auf. Geben ist eines der besten und wirksamsten Mittel, die Energie des Universums wieder in Fluss zu bringen.

Geben Sie dem Tänzer die Möglichkeit, wieder tanzen zu können!

Denken Sie aber daran, immer das zu geben, was Sie selbst gerne erhalten würden. (Und wünschen Sie anderen, selbst Ihren sogenannten Feinden das, was Sie sich selbst wünschen.)

So lautet das unabänderliche Gesetz des Universums. Wir müssen erst Gutes säen, bevor wir Gutes ernten können.

8

# Die Macht
# der Alterslosigkeit

Fühlen Sie sich so alt, wie Sie wirklich sind?
Oder eher wie 20, 17, 95 oder 5?
Wie alt würden Sie sich schätzen …?
Wie würden Sie sich verhalten, wenn Sie keine Ahnung hätten, wie alt Sie sind?
Wenn Sie Ihr Alter nicht kennen, wäre es unmöglich zu wissen, wie Sie sich verhalten sollen. Schließlich hat man uns immer wieder eingebläut, dass wir uns so zu benehmen haben, wie es unserem Alter »entspricht«. Doch in Ermangelung des Wissens, wie alt wir sind, können wir diese gesellschaftlichen Erwartungen nicht erfüllen.
Und was nun?
Wir wissen, dass Vierzig-, Fünfzig- oder Sechzigjährige nicht mehr das Verhalten von Siebzehnjährigen an den Tag legen sollten. Und auch nicht von Fünf- oder Fünfundneunzigjährigen. Die Gesellschaft verlangt von uns, dass wir uns wie reife, »erwachsene« Menschen verhalten, unserem Alter gemäß.

Doch was bedeutet »altersgemäßes« Verhalten, wenn man vierzig oder fünfzig ist?

Zum einen, dass man mit vierzig oder fünfzig auf bestimmte Aktivitäten verzichten »sollte«, die mit siebzehn gang und gäbe waren.

Ein anschauliches Beispiel ist die Geschichte, die Wayne Dyer bei einem seiner Vorträge erzählte. Als er eines Tages mit seiner Frau joggen war, gelangten sie an einen Zaun, den er mit einem gekonnten Sprung überwand. Hinterher sagte seine Frau: »Wayne, du bist fünfundfünfzig, da springt man nicht mehr über Zäune.« Er erwiderte: »Oh, das hatte ich ganz vergessen.«

Interessant, oder?

Wie uns der Gedanke an das Alter einschränkt.

Wie er unsere Wahrnehmung trübt, wer wir sind und was wir tun oder lassen sollten.


## Altern ist ein bloßes Konzept

Altern ist ein Konzept, eine Vorstellung, ein Teil des kollektiven Bewusstseins. Es ist in jedem Menschen tief verwurzelt oder einprogrammiert. Man hat uns von Kindesbeinen an beigebracht, vor Augen geführt, darauf getrimmt, konditioniert und die Überzeugung eingetrichtert, dass es ab einem

bestimmten Alter bergab geht, dass uns nur noc
Verfall, Siechtum, Einsamkeit, Monotonie, Agonie
und letztendlich der Tod erwarten; dieses Schicksal
sei dem Menschen vorherbestimmt. (Andere plaka-
tive Begriffe, die wir mit dem Alterungsprozess und
dem Alter in Verbindung bringen, sind: schwach,
gebrechlich, klapprig, kränkelnd, verkalkt, senil,
invalide, starrsinnig, dement …)
Aber was ist Altern wirklich?
Wo steht geschrieben, dass Verfall, Siechtum, Monotonie und Tod der natürlichen Ordnung der Dinge entsprechen, der einzige Weg sind, der uns offen
steht?
Was ist Altern?
Was altert überhaupt? Die Moleküle und Atome,
aus denen die Zellen unseres Körpers bestehen, altern nicht, weil sie ständig erneuert werden. Wie
bereits erwähnt, werden im Verlauf eines Jahres 98
Prozent der Atome in unserem Körper ausge-
tauscht.
Also was altert? Wer altert?
In *Die Körperzeit. Mit Ayurveda jung bleiben, ein
Leben lang* schreibt Deepak Chopra: »Das Abnehmen der Körperkraft im Alter ist hauptsächlich das
Ergebnis der Erwartung, abzubauen. Die Menschen haben sich unabsichtlich eine selbstzerstöre-
rische Absicht in Form eines starken Glaubens ein-

gepflanzt, und die Körper-Geist-Verbindung führt diese Absicht automatisch aus.« Er fährt fort: »Unser Körper altert, ohne dass wir Einfluss darauf haben, weil er darauf festgelegt ist, die Befehle dieses allgemein anerkannten Regelsystems auszuführen.«

## Keine Grenzen

Jedes Mal, wenn Sie sich dabei ertappen, wie Sie sich aufgrund Ihres Alters Grenzen setzen, sollten Sie sich eine mentale Notiz machen, diese einschränkenden Vorstellungen loszulassen und sie durch ein positives Selbstbild zu ersetzen, das in jedem Alter aktivierend und der Entwicklung förderlich ist.

Sie können sich mental neu programmieren, indem Sie jeden Tag eine Affirmation sprechen. Diese positiven, in der Gegenwartsform gehaltenen Aussagen haben suggestive Kraft und dienen der Selbstkonditionierung. Hier einige Affirmationen, die mir besonders gut gefallen:

Es geht mir mit jedem Tag besser und besser! Jede Zelle und jedes Atom meines Körpers ist von Leben und Licht erfüllt!

Ich bin stark und gesund. SO IST ES! SO IST ES! SO IST ES!

*Der Geist in mir nährt mich. Jede Zelle meines Körpers ist von Licht erfüllt. Ich danke für strahlende Gesundheit und unendliche Zufriedenheit.*                Florence Scovel Shinn

Diese Veränderung in meinem Leben ist eine Zeit des Seelenwachstums und der Freiheit, immer mehr Gutes zu erfahren. Ich werde alle Veränderungen als leicht und friedvoll empfinden!

Ich liebe meinen Körper und mein Körper liebt mich.

In meinem Geist und in meinem Körper herrscht nun die göttliche Ordnung vor.

*Ich bin jung und schön, in jedem Alter.*
                                              Louise L. Hay

Ich danke für meine zunehmende Gesundheit, Kraft und Vitalität. Ich erfreue mich zurzeit bester Gesundheit.

## Alles, worauf Sie sich fokussieren, wächst und gedeiht

Wenn Sie sich auf das Gute fokussieren, mehrt sich das Gute in Ihrem Leben. Wenn Sie Ihr Augenmerk auf einen kraftvollen, gesunden Körper konzentrieren, nehmen Kraft und Gesundheit zu. (Weitere Einzelheiten finden Sie in meinem Buch *Fast Food für die Seele – Einfach das Leben ändern*, 17. Kapitel über *Die Macht von Lob und Segen*.)

## Zeit, Ihre Einstellung zu überdenken

Es ist an der Zeit, einige der neueren wissenschaftlichen Erkenntnisse zum Thema Gesundheit und Altern unter die Lupe zu nehmen und generell einen Blick auf die Verbindung zwischen Körper, Geist und Seele zu werfen, um unsere Einstellung zu diesen Themen zu überdenken. Und um die Macht zurückzugewinnen, unsere physischen Prozesse bewusst zu steuern.

Vielleicht ist es an der Zeit, das Drehbuch des Alterns umzuschreiben. Das könnte auch für den Tod und den Vorgang des Sterbens gelten.

## Nahtoderfahrungen

In Büchern und Fernsehprogrammen über Nahtoderfahrungen hat sich gezeigt, dass die Aussagen
der Betroffenen weitgehend übereinstimmen. Sie
berichteten übereinstimmend, dass sie ihre
physischen Körper verließen und durch einen
Lichttunnel gelangten, an dessen Ende sie liebevoll
von Engeln, der bevorzugten Großmutter, Jesus
oder einem ihnen nahestehenden, innig geliebten
Menschen in Empfang genommen wurden. Alle
erklärten, die Erfahrung sei ungeheuer friedvoll
und schön gewesen – und habe ihnen die Angst vor
dem Tod ein für alle Mal genommen.
Ein kleiner Junge in einem Dokumentarfilm über
Nahtoderfahrungen sagte, auf der anderen Seite
des Tunnels habe es einen »Eingang« und einen
»Ausgang« gegeben. Als er einen Blick durch den
»Eingang« warf, über dessen Schwelle er treten
sollte, habe er seine Großeltern entdeckt, die sich
gerade anschickten, durch den »Ausgang« auf die
Erde zurückzukehren!

## Die Angst vor dem Tod loslassen

Können Sie sich vorstellen, wie es wäre, wenn wir keine Angst vor dem Tod hätten?

Können Sie sich vorstellen, wie erleichtert das kollektive Bewusstsein aufatmen würde, wenn alle Menschen ihre Angst vor dem Tod überwänden?

Können Sie sich vorstellen, wie befreiend es für Sie wäre, auf der ganz persönlichen Ebene, wenn der Tod seinen Schrecken einbüßte? Wenn Sie ohne den Schatten eines Zweifels wüssten, dass es eine ungeheure Freude sein wird, auf die andere Seite überzuwechseln – ein Abenteuer ohnegleichen – weil Sie dort alle Menschen wiedersehen, die Sie lieben, und Ihre Zeit mit Engeln und anderen himmlischen Wesen verbringen?

Was wäre, wenn Sie zu der Überzeugung gelangen würden, dass Sterben spannender und kurzweiliger ist als alles, was Sie jemals auf der Erde unternommen haben? Würden Sie Ihr Leben anders gestalten? Würden Sie Ihren Mitmenschen mit mehr Freundlichkeit begegnen? Würden Sie öfter mal ein Risiko eingehen? Wären Sie liebevoller? Geselliger? Häufiger bereit, über Ihre sogenannten Schwierigkeiten zu lachen? Was würden Sie anders machen, wenn Sie keine Angst vor dem Tod hätten?

Und wenn Ihnen tief in Ihrem Innern bewusst wäre, dass Sie eine alte Seele sind – hier und jetzt, in diesem Augenblick –, die ewig leben wird, irgendwo, in irgendeiner Sphäre? Die entschieden hat, auf die Erde zu kommen, um Lebenserfahrungen in einem bestimmten Körper und während einer bestimmten Zeit zu sammeln, um bestimmte Lektionen zu lernen – würde das Ihre Perspektive vom Tod verändern? Würden Sie den Tod dann als Übergang betrachten? Als eine Veränderung von vielen? Und können Sie sich vorstellen, dass Ihre derzeitige Situation, hier und jetzt, durch diese neue Einstellung zum Leben/Tod wesentlich einfacher und freudvoller würde?

Wenn ja, warum ändern Sie dann nicht Ihre Einstellung zum Tod und zum Sterben – jetzt, auf der Stelle?

Die Entscheidung liegt ganz bei Ihnen.

Denn die Entscheidungen in Ihrem Leben treffen Sie, Sie ganz allein.

Wenn Sie bereit sind, Ihre alten mentalen Konditionierungen und Programme über das Altern und den Sterbeprozess zu verändern, brauchen Sie diese nur durch neue positive Vorstellungsbilder zu ersetzen.

## Stellen Sie sich Ihren Aufbruch vor

Da alles zunimmt, wächst und gedeiht, worauf wir unsere Aufmerksamkeit fokussieren, sollten wir uns einen guten Tod für uns vorstellen – von dieser Minute an.

Als Erstes gilt es, die alten Ängste und negativen Vorstellungsbilder loszulassen, die wir mit dem Tod und dem Sterben verbinden (siehe *Fast Food für die Seele – Einfach das Leben ändern,* 4. Kapitel über *Die Macht des Loslassens*). Stattdessen »füttern« wir unser Unterbewusstsein mit neuen, schönen und friedvollen mentalen Bildern (siehe 12. Kapitel über *Die Macht von Freude und Lachen*, in dem das Gesetz der Substitution beschrieben wird).

Wir brauchen außerdem neue Rollenmodelle. Menschen, die uns durch ihr Vorbild lehren, wie man furchtlos und friedvoll auf die andere Seite hinüberwechselt!

Jeder kennt Geschichten über Menschen, die gespürt haben, wann die Zeit gekommen war, die Erde zu verlassen und sich auf die Reise vorzubereiten. Sie haben ihren Hausstand in Ordnung gebracht, ihre persönliche Hinterlassenschaft geregelt, sich ohne Eile oder Unruhe von Freunden und Verwandten verabschiedet, auf einem Sessel Platz

genommen oder sich zu Bett begeben und sind friedlich entschlafen. Einen solchen Tod würden sich die meisten Menschen wünschen. Behalten Sie ihn also im Auge.

Jedes Mal, wenn Sie sich bei negativen oder furchtsamen Gedanken ertappen, wenn Sie sich in Weltuntergangsstimmung befinden, über Schmerz und Krankheit nachsinnen oder was Sie sonst noch mit dem Tod assoziieren, ersetzen Sie diese düsteren Bilder durch lichtvolle. Stellen Sie sich vor, wie Sie sanft und friedvoll Ihren physischen Körper verlassen, einen von Licht und Liebe erfüllten Tunnel passieren und voller Vorfreude das andere Ende erreichen, um von mehr Liebe, Schönheit und Frieden umgeben und umhüllt zu sein, als Sie jemals auf Erden erleben durften.

Versuchen Sie es ... lassen Sie es einfach auf einen Versuch ankommen.

Ich bin fest überzeugt: Wenn wir als bewusste Entscheidungsträger unserem Geist signalisieren können, dass eine Veränderung angezeigt ist, gelingt es uns auch, alte Ängste loszulassen, eine neue Vision zu entwickeln und uns sanft zu verabschieden, wenn die Zeit gekommen ist.

In diesem Sinne wünsche ich Ihnen eine gute Reise!

# Die Macht
# der unerschöpflichen Geldquelle

Alle metaphysischen und spirituellen Lehren haben seit jeher darauf hingewiesen, dass die Fülle unser natürliches Geburtsrecht ist, weil wir Kinder eines Universums sind, in dem Fülle herrscht. Alle großen Lehrer erklären im Wesentlichen, dass es im Universum einen frei zugänglichen, unerschöpflichen, unbegrenzten Vorrat an allem gibt, was der Mensch braucht oder sich vorzustellen vermag. Ein unermessliches Potenzial, das nur darauf wartet, von uns ausgeschöpft zu werden, das uns jeden Wunsch erfüllt. Unter einer Bedingung: Wir, die Entscheidungsträger, müssen dieses Potenzial freisetzen.

Um Ihnen dabei zu helfen, ein Wohlstandsbewusstsein zu schaffen und die Fülle in Ihrem Leben zu manifestieren, gilt es, bestimmte Prinzipien oder Gesetze zu beachten, die unsere Versorgung regeln. Die Anwendung dieser Gesetze oder Prinzipien trägt zur Entwicklung eines Wohlstandsbewusst-

seins bei und setzt den Fluss der Fülle in Gang. Zwei mächtige Gesetze, die den Wohlstand fördern – das Gesetz des zehnfachen Ertrags und des Zehnten –, werden nachfolgend erklärt. Doch zuerst …

## Befreien Sie sich aus dem Armutsbewusstsein

Es gibt zahlreiche mentale Fallen, in die wir tappen, wenn es um finanzielle Belange geht. Wie schon in meinem Buch *Fast Food für die Seele – Einfach das Leben ändern* (10. Kapitel über *Die Macht des Geldes*) erläutert, haben viele Menschen eine negative Einstellung zum Geld und glauben, dass es nicht reicht. Und da sie sich auf den Mangel konzentrieren, zeigt oder manifestiert sich dieser Mangel in ihrem Leben Tag für Tag aufs Neue.

Sollten Sie sich in einer solchen Sackgasse befinden, sollte Ihr Leben durch Mangel und finanzielle Beschränkungen gekennzeichnet sein, liegt es in Ihrer Macht, für Abhilfe zu sorgen. Doch dazu müssen Sie zuerst die negativen Einstellungen, Überzeugungen und mentalen Muster im Hinblick auf das Thema Geld loslassen und sie durch positive ersetzen. Diese mentale Neuausrichtung – vom Mangel zur Fülle – ist eine Grundvoraussetzung, um Ihre

finanzielle Situation und alle anderen äußeren Missstände in Ihrem Leben zu bereinigen.

Um Wohlstand zu manifestieren, müssen Sie wissen und verstehen, dass die Fülle der wahre, natürliche Zustand des Universums ist und folglich auch für Sie, als Kind des Universums. Wie Deepak Chopra in seinem Buch *Die sieben geistigen Gesetze des Erfolges* schreibt: »Und wenn man im Wissen vom wahren Selbst verwurzelt ist, wenn man wirklich und wahrhaftig sein wahres Wesen versteht – dann fühlt man sich nie mehr schuldig, ängstlich oder unsicher hinsichtlich Geld, Wohlstand und der Erfüllung von Wünschen, denn man wird erkennen, dass die Essenz allen materiellen Reichtums Lebensenergie ist, reines Potential. Und reines Potential ist identisch mit unserem eigenen Wesen.«

## Das kollektive Bewusstsein erhöhen

Dieses Bewusstsein der Fülle in Ihrem Leben zu pflegen ist außerdem der beste Weg, um die Konzentration auf Mangel und Einschränkungen zu beseitigen, die das kollektive Bewusstsein in der heutigen Zeit prägt. Es ist erschreckend, wie viele Menschen in Armut und Elend leben, und daher

von höchster Dringlichkeit, diesen entscheidenden Schritt zum Wohlstandsbewusstsein so schnell wie möglich in die Wege zu leiten. Da wir alle miteinander »vernetzt« und verbunden sind, beeinflussen die Gedanken und mentalen Einstellungen jedes Einzelnen das Bewusstsein der gesamten Menschheit. Denken Sie also daran:

*Das Wohl des einen ist das Wohl aller.*

Catherine Ponder

## Das Gesetz des zehnfachen Ertrags

Eines der kurzweiligsten und interessantesten Wohlstandsprinzipien ist das Gesetz des zehnfachen Ertrags. Viele Reiche richten sich unbewusst danach – und einige Kluge lassen es bewusst für sich arbeiten.

Sie zweigen einen bestimmten Teil ihres Geldes als »Startkapital« ab, investieren es bewusst und fordern umgehend den zehnfachen Ertrag vom unendlichen Universum ein.

Ein Beispiel: Sie schenken einem Freund zehn Euro und melden dabei mental Ihre Ansprüche an das unendliche Universum an. Sie sagen, »Ich verschenke hiermit zehn Euro und erhebe beim un-

endlichen Universum Anspruch auf den zehnfachen Ertrag. Ich erhalte nun 100 Euro (10 x 10 Euro).« Sobald Sie Ihren Anspruch mit Nachdruck geltend gemacht haben, lassen Sie den Gedanken los, in dem Wissen, dass Ihnen das Universum den zehnfachen Ertrag bringt, oft auf völlig unerwarteten Wegen.

## Die Startkapital-Formel

Die nachfolgende Anleitung, die aus Jon P. Spellers Buch *Seed Money in Action: Working the Law of Tenfold Return* stammt, ist für alle gedacht, die das Gesetz des zehnfachen Ertrags für sich arbeiten lassen möchten. Die Formel ist ganz einfach:

1. Legen Sie Ihr Startkapital an. Das heißt, schenken Sie den gewünschten Betrag einer Organisation oder Person Ihrer Wahl.
2. Machen Sie Ihren Anspruch an das unendliche Universum geltend, sobald Sie alleine sind. Sagen Sie: *Ich erhalte nun _____ als Ertrag (das Zehnfache der investierten Summe), zum höchsten Guten aller Beteiligten. Danke. Danke. Danke.*
3. Wiederholen Sie die Formel immer wieder. Vor

dem Einschlafen. Nachts, falls Sie aufwachen. Und mehrmals am Morgen, sobald Sie die Augen aufgeschlagen haben. Wiederholen Sie die Formel so oft, bis Sie das Gefühl haben, dass es genügt; dann entspannen Sie sich und gehen zu Ihrem normalen Tagesablauf über. Sie müssen es nicht übertreiben.

4. Beginnen Sie mit einem bescheidenen Betrag, der aber hoch genug bemessen sein sollte, dass die vervielfachte Summe ins Gewicht fällt und Sie motiviert, Ihre innere Arbeit gewissenhaft zu erledigen. Wenn der Einsatz schon am Anfang zu hoch ist, fragen Sie sich vielleicht, woher so viel Geld kommen soll, und beginnen am Erfolg Ihrer Investition zu zweifeln. Diese Zweifel sollten Sie unbedingt vermeiden, denn sonst treten sie in Ihrer Bilanz als Nullfaktor in Erscheinung.

5. Schweigen Sie über Ihre Investition. Das ist Privatsache. Sie können Ihren Anspruch oder Ihre Ansprüche an das Universum stumm oder laut geltend machen. Oder Sie schreiben auf, welche Summe Ihnen zusteht, und greifen gelegentlich auf das Dokument zurück, um sich die Forderung, die Sie an das Universum haben, immer wieder einzuprägen. Die einzige Aufgabe, die Ihnen obliegt, besteht darin, dieses mentale Muster in Ihrem Bewusstsein zu verankern.

6. Für den Fall, dass Sie den zehnfachen Ertrag nicht so schnell erhalten wie angenommen – nachdem Sie die Summe investiert und Ihren Anspruch nach bestem Wissen geltend gemacht haben –, sollten Sie die innere Arbeit mit den Wohlstandsaffirmationen in diesem Buch fortsetzen.

7. Investieren Sie Ihr Startkapital im Geist des uneingeschränkten Vertrauens. Investieren Sie es kühn, freudig, spontan, großzügig und aus vollem Herzen. Sie werden nicht nur das Zehnfache des Geldes zurückerhalten, sondern auch die besagten psychischen Eigenschaften um das Zehnfache stärken.

## Eine machtvolle Tradition

In seinem Buch nennt Speller viele Beispiele von vermögenden und berühmten Persönlichkeiten wie John D. Rockefeller, der das Gesetz des zehnfachen Ertrags zu nutzen verstand und damit sagenhaften Reichtum erwarb. Er blieb ein Leben lang der Gewohnheit treu, Menschen und Organisationen mit großzügigen Spenden zu unterstützen. Als Symbol der Wirksamkeit dieses Gesetzes pflegte er jedem, der ihm begegnete, einen Dime zu schenken, eine Münze mit einem Wert von einem zehntel Dollar.

Manche hielten dieses Gebaren für die Marotte eines wunderlichen alten Mannes, aber Eingeweihte wussten, dass mehr dahintersteckte.

Zu den zahlreichen Menschen, die dieses Gesetz mit Erfolg anwendeten, gehörten auch der amerikanische Industrielle und Stahl-Tycoon Andrew Carnegie, der Finanzmagnat Julius Rosenwald und Andrew Mellon, Gründer des legendären Versandhauses Sears. Diese Männer waren Philanthropen, nutzten ihren unvorstellbaren Reichtum für wohltätige Zwecke und machten sich einen Namen als Förderer der Schönen Künste. (Weitere Einzelheiten über die Geheimnisse des Erfolgs und Wohlstands dieser reichen und mächtigen Männer finden Sie in Napoleon Hills Buch *Denke nach und werde reich.*)

## Startkapital investieren

Kehren wir zum Gesetz des zehnfachen Ertrags zurück: Im Gegensatz zur nachfolgenden Spende des »Zehnten« bedeutet die Investition des Startkapitals, dass Sie das Geld im Voraus anlegen und sich immer wieder vor Augen halten müssen, dass das Universum Ihnen den zehnfachen Ertrag zurückzahlen wird.

Wenn Sie Ihr Startkapital investieren, sagen Sie: Ich erweise meinen Mitmenschen mit diesem Geschenk etwas Gutes und melde meinen Anspruch auf den zehnfachen Ertrag beim unendlichen Universum an.

Das Gesetz des zehnfachen Ertrags bietet eine gute Möglichkeit, Ihre Fähigkeit zu testen, das, was Sie sich wünschen, zu manifestieren. Wenn Sie erkannt und begriffen haben – in Ihrem tiefsten Innern verstehen –, dass wir in einem Universum der unerschöpflichen Fülle leben, sollte es für Sie ein Leichtes sein, den zehnfachen Ertrag zu realisieren. Bestehen indes noch Zweifel oder haben Sie die wahre Natur des Universums nicht richtig verinnerlicht, werden Sie merken, dass es Ihnen noch schwerfällt, dieses Ziel zu erreichen.

Um den zehnfachen Ertrag zu manifestieren, müssen Sie in der Lage sein, zu visualisieren und zu akzeptieren – ohne den Anflug eines Zweifels –, wie Ihnen das Zehnfache des investierten Betrags zufällt. Wenn es Ihnen gelingt, dieses mentale Bild zu entwickeln und zu bewahren, ohne in Ihrer Überzeugung wankend zu werden, ist Ihnen der Erfolg gewiss. Wenn Sie insgeheim unsicher sind, wird sich diese Unsicherheit manifestieren, wie alles, woran wir im tiefsten Innern glauben.

## Warum nicht gleich das Hundertfache?

Da sich die meisten Menschen den zehnfachen Ertrag der investierten Summe problemlos vorstellen können, lässt sich dieser leichter manifestieren. Trotzdem ist die Frage berechtigt, warum wir uns mit weniger begnügen sollen, wenn wir auch das Hundertfache oder Tausendfache haben können? Schließlich sprechen wir von der unendlichen Fülle des Universums und unendlich heißt, es sind keine Grenzen gesetzt. Also, warum nicht gleich aufs Ganze gehen?

Fakt ist, dass es den meisten Leuten schwerfällt, mehr als den zehnfachen Ertrag zu visualisieren. Der hundertfache Ertrag wäre ein Geldregen, der sich unserem Vorstellungsvermögen entzieht, und deshalb würden mit Sicherheit Zweifel entstehen und wir uns fragen, woher das Geld kommen soll! Sich den zehnfachen Ertrag vorzustellen ist dagegen ein Kinderspiel, denn Sie müssen nur eine Null an das Startkapital hängen, das Sie investieren möchten.

Sollten Sie sich diesen Betrag jedoch wirklich vorstellen können und aus vollem Herzen an den hundertfachen Ertrag glauben – ohne in Ihrer Überzeugung zu wanken, ohne den geringsten Zweifel –, dann besteht kein Grund, warum das Universum

Ihnen das Hundertfache nicht genauso leicht zurückzahlen kann wie das Zehnfache.

Das Universum kennt keinen Unterschied zwischen großen und kleinen Manifestationen!

## Machen Sie die Probe aufs Exempel!

Wenn Sie Ihre mentalen Fähigkeiten testen und entwickeln wollen, schlage ich Ihnen vor, zunächst den zehnfachen Betrag einer bescheidenen Summe vom Universum einzufordern. Es ist besser, klein anzufangen und Erfolg zu haben. Denn Erfolg schafft die Voraussetzungen für weitere Erfolge – und wenn Sie erfolgreich sind, werden Sie diesem wirkungsvollen mentalen Gesetz des Wohlstands in zunehmendem Maß vertrauen. Der zehnfache Ertrag, den Sie auf Ihrem Konto verbuchen können, wird Ihnen helfen, sowohl die Natur der Realität als auch die Natur Ihres wahren Selbst zu erkennen und besser zu verstehen. Und je tiefer Sie beides ergründen, desto größer der Wohlstand, der sich manifestiert.

Sie müssen nichts weiter tun, als damit beginnen, regelmäßig zu geben und das Zehnfache vom Universum einzufordern. Und binnen kürzester Zeit wird es zu Ihren liebsten Wohlstandsgewohnheiten

gehören, Ihre Investitionsrendite »mitzunehmen« und zu genießen.

Also, fassen Sie sich ein Herz, geben Sie mit Freuden und beobachten Sie, wie sich das Gute in Ihrem Leben mehrt! (Siehe auch 7. Kapitel über *Die Macht des freudigen Gebens*).

Und wenn Sie mir nicht glauben, hilft nur noch eines:

Machen Sie die Probe aufs Exempel.

Die einzige Wahrheit, die uns frei macht, ist die Wahrheit, die wir uns selbst beweisen. Wenn wir diesen Nachweis nicht anhand eigener Erfahrungen erbringen können – wenn es uns nicht gelingt, diese Wahrheit praktisch umzusetzen und in unseren Alltag zu integrieren, bleibt das Gefühl der Freiheit aus.

## Den Zehnten entrichten

Den Zehnten zu spenden ist eine uralte, ebenfalls auf der Zahl 10 basierende Tradition, die Wohlstand und Wachstum schafft. Zwischen der Entrichtung des Zehnten und der Anwendung des Gesetzes vom zehnfachen Ertrag bestehen gleichwohl grundlegende Unterschiede. Beim Entrichten des Zehnten spenden Sie zehn Prozent des Geldes,

das Sie bereits vom Universum erhalten haben. Der Zehnte ist ein Symbol oder Zeichen des Dankes und des Vertrauens in die unendliche Fülle des Universums. Anders ausgedrückt: Im Gegensatz zum Gesetz des zehnfachen Ertrags ist der Zehnte ein Geschenk, das Sie zusätzlich machen können, *nachdem* Sie den gewünschten Betrag erhalten haben.

Die Wohlstand schaffende Macht des Zehnten wird in vielen spirituellen Büchern erwähnt, einschließlich der Bibel. Wenn man sich eingehender mit dem Leben reicher und erfolgreicher Persönlichkeiten befasst, stellt man fest, dass viele ihren Wohlstand und ihre finanzielle Stabilität der lebenslangen Gewohnheit zuschreiben, den Zehnten Ihres Vermögens zu spenden.

Traditionsgemäß geht der Zehnte – ohne an einen bestimmten Zweck gebunden zu sein – an Organisationen oder Menschen, die den Spender durch spirituelle Inspiration oder Anleitung bereichert haben. Es ist hinreichend belegt, dass die Spender keine finanziellen Engpässe kannten. Das liegt daran, dass sie zehn Prozent ihrer Einkünfte an die Quelle des Reichtums zurückgaben, die uns mit allem versorgt, was wir brauchen, und damit ihr Vertrauen in die grenzenlose Fülle des Universums demonstrierten. Und das Universum versäumt nie,

dieses Vertrauen zu erwidern, weil wir genau das manifestieren, wovon wir im tiefsten Innern überzeugt sind.

Wenn wir also regelmäßig den Zehnten entrichten, demonstrieren wir, dass wir die wahre Natur des Universums, die wahre Beschaffenheit der Realität verstanden haben. Wenn wir den Zehnten entrichten, bringen wir zum Ausdruck, dass wir die wahre Quelle des Wohlstands kennen: das Universum. Wir sagen damit aus, dass wir wissen, wem wir diesen Wohlstand verdanken – weder unserer beruflichen Tätigkeit noch Vorgesetzten, Klienten oder Kunden. Sie dienen lediglich als »Distributionskanäle« für den Wohlstand, der uns in einem gegebenen Augenblick zufließt. Doch da das Universum unendlich ist, können sich diese Distributionskanäle ändern; einige schließen sich vielleicht, während sich andere, neue oder unverhoffte öffnen. Wie auch immer – alles, was wir brauchen, gelangt mittels einer unbegrenzten Anzahl von Distributionskanälen, erwarteten und unerwarteten, zu uns. Da die Fülle des Universums eine unerschöpfliche Quelle ist, kann niemand Ihren Anteil am Reichtum begrenzen …

Sie selbst ausgenommen!

## Überwinden Sie Ihre Angst vor Mangel und Entbehrung

Den Zehnten zu entrichten bietet darüber hinaus eine gute Gelegenheit, die Angst vor Mangel und Entbehrung zu überwinden. Diese Praxis ist besonders empfehlenswert, wenn Sie sich derzeit finanziellen Schwierigkeiten gegenübersehen. Auch wenn Ihnen das Konzept zunächst schwer verständlich erscheint: Spenden Sie den Zehnten und Sie werden feststellen, dass sich Ihre finanzielle Situation verbessert. Sie demonstrieren damit, dass Sie die wahre Natur des Universums, den Zustand der unendlichen Fülle, erkannt und verstanden haben.

Wenn Sie also unter irgendeiner Form des Mangels leiden, versuchen Sie, zehn Prozent Ihres gegenwärtigen Einkommens nach Steuern zu spenden, wie geringfügig der Betrag auch sein mag. Da sie beherzt und mit Freuden geben, öffnen Sie dem neuen Guten in Ihrem Leben Tür und Tor (siehe 7. Kapitel über *Die Macht des freudigen Gebens*). Und warten Sie nicht lange damit, denn wie Emmet Fox in seinem Buch *Das mentale Äquivalent* schreibt: »Einige meinen, weil sie sich in einem finanziellen Engpass befinden, wäre es ihnen derzeit unmöglich, den Zehnten zu entrichten, aber

sie sind bereit, dies nachzuholen, sobald sich die Situation bessert. Das zeigt, dass sie den Sinn der Sache nicht begriffen haben – je größer die Zwangslage, desto dringlicher die Notwendigkeit, den Zehnten zu spenden, denn die augenblicklichen Probleme sind ausschließlich auf die mentale (vermutlich unbewusste) Einstellung zurückzuführen, und die Situation kann sich erst bessern, wenn sich die mentale Einstellung ändert. Die spirituell motivierte Entrichtung des Zehnten ist ein Hinweis auf diese Einstellungsänderung, der die gewünschte Manifestation folgt. Der Zehnte beruht auf Prozentbasis, was bedeutet, je weniger jemand hat, desto weniger gibt er, sodass sich das Problem von alleine regelt.«

Catherine Ponder beschreibt eine einprägsame Spendenaffirmation in ihrem Buch Die dynamischen Gesetze des Reichtums:

*Ich werde nicht länger kämpfen und streben, sondern den Zehnten entrichten und im Wohlstand leben!*

## Affirmationen für den Wohlstand

Eine weitere gute Möglichkeit, Wohlstandsbewusstsein zu entwickeln, besteht darin, sich regelmäßig auf die Fülle zu fokussieren und diese Einstellung durch Affirmationen zu untermauern.

Eine weitere wirksame Affirmation stammt aus Dr. Raymond Charles Barkers Buch *Money Is God in Action*. Wenn Sie diese dreißig Tage lang jeden Tag dreimal laut lesen, werden Sie nachhaltige Veränderungen sowohl in Ihrem Bewusstsein als auch in Ihren Lebensumständen wahrnehmen:

Geld ist Gottes Vorstellung von Zirkulation. Diese Vorstellung akzeptiere ich von nun an als Grundlage all meiner finanziellen Angelegenheiten. Ich weiß Geld zu schätzen. Ich bin überzeugt, dass es auf Gottes Wirken beruht, dass es gut ist. Ich nutze es weise, lasse es mit Freuden los. Ich schicke es ohne Angst auf den Weg, denn ich weiß, dass es sich einem göttlichen Gesetz folgend um ein Vielfaches vermehrt und zu mir zurückkehrt.

Um Ihnen den Weg zu ebnen, hier einige weitere Wohlstandsaffirmationen (Sie können sich auch eigene ausdenken):

*Die göttliche Präsenz ist die einzige Realität. Die göttliche Präsenz hat eine heilsame Wirkung auf mich. Die göttliche Präsenz ermöglicht mir ein gedeihliches Wachstum. Die göttliche Präsenz bringt Ordnung in mein Leben und in meine finanzielle Situation.*

Catherine Ponder

Das Universum versorgt mich großzügig mit allem, was ich brauche.

ICH BIN gesund, wohlhabend und weise!
SO IST ES! SO IST ES! SO IST ES!

ICH BIN reich, bin ein vom Glück begünstigtes Kind des Universums!

Ich bin offen für die Gesundheit und den Wohlstand, den das Universum nun für mich bereithält.

*Der Herr ist mein Hirte; mir wird an nichts mangeln.* Psalm 23

*Ich habe einen erstklassigen Job mit einer erstklassigen Vergütung. Ich kann auf erst-*

*klassige Weise einen erstklassigen Beitrag
leisten!*
Florence Scovel Shinn

Ich danke für die merkliche Erhöhung meines
Einkommen, die nun eingetreten ist.
Ich danke für ___ (Betrag, den Sie derzeit zur
Verfügung haben), denn ich weiß, es ist ein
Symbol für die unerschöpfliche Fülle des Uni-
versums. Ich danke dafür, dass ich nun das
Zehnfache dieser Summe ___ (genauer Betrag)
erhalten werde.

Ich habe immer genug Geld, um all meinen finanziellen Verpflichtungen leicht und mühelos
nachzukommen.

Ich verdiene diesen Monat leicht und mühelos
___ (genauer Betrag).

*Alles und jeder trägt jetzt zu meinem Wohl-
stand bei.* Catherine Ponder

*Alle finanziellen Türen stehen offen; alle fi-
nanziellen Kanäle sind frei. ___ (genauer Betrag) kommen nun zu mir!*
Florence Scovel Shinn

Ich danke dafür, dass mein Bankkonto gefüllt ist, dass ich über Geld im Überfluss verfüge.
Ich wähle nun Wohlstand und Fülle für mich und alle Menschen.
Ich führe ein glückliches, zufriedenes Leben, in dem es mir an nichts mangelt – und ich helfe anderen, ein glückliches und zufriedenes Leben zu führen, in dem sie nichts entbehren müssen.

Das sind nur einige wenige Beispiele für wirkungsvolle Affirmationen, die Sie benutzen können, um Wohlstandsbewusstsein zu entwickeln und neue mentale Muster in Bezug auf Geld, Reichtum und Fülle in Ihrem Unterbewusstsein zu verankern. Um Ihr Unterbewusstsein neu zu programmieren und neue mentale Gewohnheiten anzunehmen, sollten Sie mindestens dreißig Tage hintereinander dieselbe Affirmation wiederholen (siehe 4. Kapitel über *Die Macht des Entscheidungsträgers*).

## Keine Angst mehr vor Rechnungen und Steuern

Wenn Sie erkannt haben, dass das Universum die Quelle alles Guten ist, über das Sie verfügen, wird

sich Ihre Beziehung zu Geld, Arbeitsplatz, Einkommen, Rechnungen, zu Ihrer sogenannten finanziellen Gesundheit und Stabilität, ja sogar zum Finanzamt auf spektakuläre Weise verändern!

Sie werden aufhören, sich den Kopf über unbezahlte Rechnungen oder das Finanzamt zu zerbrechen, darüber zu schimpfen oder überhaupt einen Gedanken daran zu verschwenden, sondern eines Morgens aufwachen und feststellen, dass Sie nichts mehr aus der Ruhe bringen kann. Sobald Sie sich auf dieser Schiene befinden, können Sie die Steuer getrost vergessen. Was ein Segen ist, weil alles wächst, worauf Sie sich fokussieren!

Wenn Sie merken, dass Sie plötzlich aufgehört haben, Steuern und Rechnungen als ständige Bedrohung zu empfinden, werden Sie spüren, dass Sie damit den Schlüssel zu wahrer Fülle in den Händen halten. Und mit diesem Schlüssel erkennen, verstehen und wissen Sie nun, dass Ihr höchstes Wohl nur durch eines eingeschränkt oder boykottiert werden kann: Ihr eigenes Bewusstsein!

*Sie sind der einzige Mensch im Universum, der in der Lage ist, Ihr eigenes Gut einzuschränken.*

Ein sensationelles Konzept – vor allem für diejenigen, die im Glauben an den Mangel erzogen wurden. Und eine unendliche Erleichterung!

Das bedeutet nämlich: Ihr Finanzstatus ist nicht

von äußeren Einflüssen abhängig. Ihre finanzielle Gesundheit wird nicht von der Höhe der Steuersätze, den Lebenshaltungskosten, der Arbeitslosenquote oder gleich welchen ökonomischen Faktoren, Wirtschaftstrends oder Menschen beeinträchtigt. Ihr finanzielles Wohlergehen ist ausschließlich von Ihrem eigenen Bewusstsein abhängig. Das mag zunächst schwer zu begreifen und zu akzeptieren sein, aber es ist wahr! (Wie ließe sich sonst erklären, dass manche Menschen sagenhaft reich geworden sind, ungeachtet ihrer Herkunft oder Lebensumstände!)

Mein Vorschlag: Wenn Sie fest entschlossen sind, Ihre Situation zu verbessern, lesen Sie die beschriebenen Konzepte immer wieder durch. Denken Sie eingehend darüber nach. Nehmen Sie sich Zeit, sie zu verinnerlichen, zu verdauen. Und dann beobachten Sie, was geschieht, wenn Sie beginnen, diese Konzepte zu verstehen, zu akzeptieren und umzusetzen …


## Die Macht der Dankbarkeit

Ein weiteres ungemein wichtiges Wohlstandsgeheimnis ist die Dankbarkeit! Wenn wir – aufrichtig und von ganzem Herzen – für die Fülle danken,

über die wir im Leben bereits verfügen, wirkt die Dankbarkeit wie ein Magnet, der immer mehr Gutes anzieht.

Denken Sie also an all das Gute, das es in Ihrem Leben jetzt schon gibt: das Geld auf Ihrem Konto, Freunde, gute Gesundheit, die Schönheit der Natur, die überall zu finden ist, Ihr Beruf, Ihre Träume, Ihr Zuhause, eine Mahlzeit auf dem Tisch, Kleidung, Bücher und andere persönliche Besitztümer, Ihre Familie, das wohlhabende Land, in dem Sie leben, die spannenden Herausforderungen, denen Sie sich gegenübersehen, die zahlreichen Chancen, die sich Ihnen bieten.

Sobald Sie anfangen, über die vielen guten Dinge in Ihrem Leben nachzusinnen, könnten Sie die Liste vermutlich endlos fortsetzen. Sich das Gute im Leben bewusst zu machen ist wichtig, denn wenn Sie sich darauf fokussieren und dafür danken, öffnen Sie Ihr Herz für all das Gute, das noch auf Sie wartet!

*Weiter, liebe Brüder: Was wahrhaftig ist, was ehrbar, was gerecht, was rein, was lieblich, was wohllautet, ist etwa eine Tugend, ist etwa ein Lob, dem denket nach!*

Philipper 4,8

# 10

# Die Macht
# klarer Ziele

Diese Strategie hilft Ihnen, Ihre Ziele zu erreichen:

## 1. Schritt: Ziele auflisten

Schreiben Sie eine Liste mit Ihren festen Absichten oder Zielen.

Denken Sie daran: Was immer Sie anstreben, *der erste Schritt muss der Gedanke an das sein, was Sie sich wünschen.*

Wenn Sie Ihr Ziel nicht klar umreißen oder formulieren können, werden Sie es vermutlich niemals erreichen.

Üben Sie, Listen zu erstellen. Bringen Sie Ihre Listen immer auf den neuesten Stand. Notieren Sie Ihre Ziele für die nächste Woche, den nächsten Monat, das nächste Jahr. Lernen Sie, klar und strukturiert zu denken.

## 2. Schritt: Fokussieren

Wählen Sie die Ziele aus, auf die Sie sich jetzt uneingeschränkt konzentrieren wollen.

Nehmen Sie sich nicht zu viel auf einmal vor. Für diese Übung reichen maximal zwei oder drei Ziele aus, die Sie ins Visier nehmen. Es ist aber genauso wirksam, ein Ziel nach dem anderen anzusteuern.

Richten Sie Ihre ungeteilte Aufmerksamkeit auf das, was Sie sich wünschen (siehe *Fast Food für die Seele – Einfach das Leben ändern*, 8. Kapitel über *Die Macht des Fokus*).

Vergewissern Sie sich, dass Sie Ihre Ziele so klar wie möglich beschrieben haben, bevor Sie mit der Übung beginnen.

## 3. Schritt: Entspannen

Nun entspannen Sie sich.

Wichtig ist, dass Sie eine Tiefenentspannung erreichen. Sie können dabei jede beliebige Entspannungs- oder Meditationstechnik benutzen.

Versetzen Sie sich in den Alphazustand (siehe *Fast Food für die Seele – Einfach das Leben ändern*, 7. Kapitel über *Die Macht des Alphazustands*).

Atmen Sie tief ein und aus.

Entspannen Sie sich.

Genießen Sie den Zustand der Entspannung, ohne sich auf etwas Bestimmtes zu konzentrieren. Wenn Ihnen Gedanken durch den Kopf gehen, halten Sie nicht daran fest. Lassen Sie die Gedanken los, (wie einen bunten Luftballon oder) als würden Sie zuschauen, wie sie auf einer Filmleinwand vorüberziehen.

## 4. Schritt: Visualisieren

Nun lassen Sie die Ziele oder Absichten, Sie sie auf Ihrer Liste notiert haben, in Gedanken Revue passieren.

Stellen Sie sich jedes Ziel, jede Situation, jeden Erfolg oder was immer sich in Ihrem Leben manifestieren soll, so klar und deutlich wie möglich vor. Malen Sie sich die Situation genau aus. Sehen Sie das Szenario vor sich. Spüren Sie den Gefühlen nach, die damit verbunden sind. Genießen Sie, was Sie erreicht haben. In der Gegenwartsform. Hier und jetzt. In möglichst vielen Einzelheiten (siehe *Fast Food für die Seele – Einfach das Leben ändern*, 6. Kapitel über *Die Macht der Visualisierung*). Verweilen Sie bei diesem Vorstellungsbild.

## 5. Schritt: Danken

Nun freuen und bedanken Sie sich.

Kosten Sie das Gefühl des Erfolgs und der Zufriedenheit aus, das mit der Realisierung und Manifestation Ihrer Ziele einhergeht. Danken Sie für alles, was sich bereits manifestiert hat.

Kosten Sie dieses Gefühl aus. Atmen Sie noch ein paarmal tief durch; dann recken Sie langsam die Arme, öffnen die Augen und kehren in Ihren Alltag, zu Ihrer regulären Beschäftigung zurück.

## Bleiben Sie fokussiert

Um die bestmöglichen Ergebnisse zu erzielen, sollten Sie diese Übung jeden Tag durchführen, für jeweils fünf bis zehn Minuten. Wechseln Sie Ihre Ziele oder Absichten in dieser Phase nicht zu oft; am besten halten Sie daran fest, bis sie sich manifestiert haben. Oder bis Sie der Meinung sind, dass Sie genug daran gearbeitet haben und eine Pause Ihnen guttun würde.

Sobald Sie den Bogen raus haben, werden Sie die Übung jeden Tag machen wollen, mindestens ein Mal, für den Rest Ihres Lebens. Zum einen, weil Sie mit dieser Methode alles erreichen, was Sie sich

wünschen, und zum anderen, um sich ein Bild zu machen, wo Sie im Augenblick stehen – und wie es weitergehen soll.

Natürlich werden sich Ihre Ziele und Absichten ändern, wenn Sie wachsen und sich weiterentwickeln. Die Devise bleibt dabei stets:

Klar denken!

Positiv denken!

# 11

## Die Macht
## der tiefen inneren Ruhe

Das Geheimnis
hinter der dynamischen Aktivität
ist die tiefe innere Ruhe.

Tiefe innere Ruhe
und dynamische Aktivität
sind die beiden Pole
eines erfolgreichen Lebens.

Tiefe innere Ruhe ist eine Quelle der Kraft, in der
Sie Ihr wahres Selbst entdecken.

## Das Geheimnis

Tiefe innere Ruhe und dynamische Aktivität sind
die beiden Pole, um die sich das Leben von Menschen dreht, die den Erfolg für sich gepachtet zu
haben scheinen.

Viele Leute, die auf den ersten Blick erfolgreich wirken, kommen in Wirklichkeit nie an, sondern sind unablässig »unterwegs«. Sie stürzen sich in einen Strudel von Aktivitäten, aber wie lange lässt sich dieses Tempo durchhalten? Genauer gesagt, wie lange währt ein solches Leben auf der Schnellspur? Viele sterben vorzeitig an einem Herzinfarkt oder leiden an stressbedingten Krankheiten und Problemen. Warum? Weil Sie das Geheimnis der Balance nicht kennen – das Geheimnis der tiefen inneren Ruhe als Ausgleich zum hektischen Alltag. Sie haben noch nicht entdeckt, dass diese innere Ruhe die wahre Quelle der Kraft und das Geheimnis hinter jeder Aktivität ist, die dynamisch, fokussiert, zielgerichtet und beständig erfolgreich ist.

## Tiefe innere Ruhe

Was bedeutet »tiefe innere Ruhe«?
Tiefe innere Ruhe ist ein Element, das die Natur des Universums kennzeichnet. Hinter dem immerwährenden, Ehrfurcht gebietenden Akt der Schöpfung – der in Erscheinung treten lässt, was noch nicht in Erscheinung getreten ist – verbirgt sich ein Zustand der absoluten Ruhe (siehe 3. Kapitel über *Die Macht des Universums*).

Sobald wir Kontakt mit dieser tiefen inneren Ruhe aufnehmen, sobald wir in die Stille einkehren, erkennen wir nicht nur unsere wahre Natur, sondern entwickeln mehr Kraft für alle Aktivitäten auf der äußeren Ebene, als wir uns jemals erträumt hätten.

## Zu innerer Ruhe finden

Das mag ja alles gut und schön sein, denken Sie vielleicht, aber wie gelange ich in diesen Zustand der inneren Ruhe? Da gibt es mehrere Möglichkeiten. Zum Beispiel:

- Meditation
- Schweigen
- Spaziergänge in der Natur
- Gebet
- Klangmeditation

Das Ziel dieser Übungen oder Methoden besteht darin, den inneren Dialog zum Schweigen zu bringen. Falls es Ihnen nicht schon bewusst ist, werden Sie anhand dieser Methoden unverzüglich auf die Turbulenzen, das unentwegte »Geplapper« in Ihrem Kopf aufmerksam. Viele überrascht diese Entdeckung. Sobald sie sich in eine stille Ecke zurück-

ziehen und versuchen, zur Ruhe zu kommen, bricht eine Flut von Gedanken, Ideen, Bildern und stummen Zwiegesprächen über sie herein. Wie bringt man diese lästigen Stimmen zum Schweigen, wie gelangt man in den Zustand der tiefen inneren Ruhe?

Alle genannten Methoden erfordern natürlich einige Übung. Aber nur Mut: Übung macht bekanntlich den Meister. Es wird nicht lange dauern, bis Sie einen schnellen, einfachen Zugang zu dieser inneren Ruhe gefunden haben, die Ihnen Kraft verleiht, Ihr Vorstellungsvermögen stärkt und sich als unerschöpfliche Quelle erweist, von deren Besitz Sie nicht das Geringste geahnt haben.

## Meditation

Die Meditation stellt eine bewährte Möglichkeit dar, in die Stille zu gehen, tiefe innere Ruhe zu finden. Und da viele Wege zu diesem Ziel führen, besteht kein Grund, komplizierte Techniken zu wählen, die Grundkenntnisse voraussetzen oder einem kleinen Kreis Eingeweihter vorbehalten sind. Wählen Sie eine Methode aus, die Ihren Bedürfnissen entspricht. Und sollten Sie wie ich »Fast Food für die Seele« bevorzugen, probieren Sie die beiden

nachfolgend beschriebenen einfachen, aber sehr effektiven Meditationsmethoden aus. Setzen Sie sich als Erstes bequem hin (Sie können sich auch hinlegen, obgleich dabei eher die Gefahr besteht, dass Sie einschlafen). Schließen Sie die Augen, atmen Sie tief ein und aus und entspannen Sie sich.

## Klangmeditation

Eine gute Möglichkeit, den Geist zur Ruhe zu bringen, ist die Klangmeditation (über ein Wort oder einen Klang meditieren). Es gibt zahlreiche Mantras oder sich wiederholende Silben- und Wortfolgen, die Sie rezitieren können. »OM« ist ein guter Anfang. Sobald Sie sich hingesetzt und eine bequeme Position eingenommen haben, atmen Sie ein und aus; dabei sagen Sie laut OOOMMMMM. Lassen Sie den Klang in Ihrem Körper und in Ihrem Bewusstsein nachhallen, vibrieren. Nachdem Sie das OM-Mantra eine Weile laut gesprochen haben, können Sie es noch ein paarmal lautlos wiederholen. Spüren Sie die Stille und innere Ruhe. Beginnen Sie mit ein paar Minuten am Tag und dehnen Sie die Übung nach und nach auf eine Viertelstunde aus. Optimal wäre, zweimal am Tag zu meditieren, wenn Sie die Zeit haben.

Statt OM können Sie auch die Worte »tiefe Ruhe« benutzen. Auch hier gilt es wieder, sich zunächst zu

entspannen und tief ein- und auszuatmen; dann sagen Sie beim nächsten Einatmen »tiefe« und beim Ausatmen »Ruhe«. Wiederholen Sie die Übung mehrmals; anschließend rezitieren Sie das Mantra wieder lautlos.

Zum Schluss lassen Sie die Worte los und gehen in die Stille. Sie können auch andere Wortfolgen oder Klänge benutzen, die als heilig oder meditativ gelten … alles, was zum Zustand der tiefen inneren Ruhe führt, ist gut.

## Herzmeditation (Liebesmeditation)

Eine weitere Möglichkeit besteht darin, sich auf den Herzbereich zu fokussieren. Setzen Sie sich bequem hin und atmen Sie tief ein und aus; dann stellen Sie sich vor, wie sich Ihr Herz mit Licht und Liebe füllt. Sehen Sie nun bildlich vor sich, wie sich Ihr Herz öffnet, wie Licht und Liebe in jeden Teil Ihres Körpers fließen, jede Zelle überfluten, jeden Winkel Ihres Seins berühren. Spüren Sie, wie dieses Gefühl intensiver wird, wie sich Licht und Liebe ausdehnen, immer weitere Kreise ziehen. Visualisieren und spüren Sie, wie Licht und Liebe eine schützende Hülle um Ihre Familie, Freunde, Kollegen und Mitmenschen bilden – egal, wo auf der Welt.

## Das goldene Tor

Das Kapitel *Das goldene Tor* aus Emmet Fox' Buch *Macht durch positives Denken* soll Sie inspirieren, diese Liebesmeditation auszuprobieren:

Es gibt keine Hürde, die nicht durch genug Liebe überwunden werden könnte; keine Krankheit, die nicht durch genug Liebe geheilt werden könnte; keine Tür, die nicht durch genug Liebe geöffnet werden könnte; kein Graben, der nicht durch genug Liebe überbrückt werden könnte; keine Wand, die nicht durch genug Liebe niedergerissen werden könnte; keine Sünde, die nicht durch genug Liebe gesühnt werden könnte.

Es macht keinen Unterschied, wie tief verwurzelt das Problem, wie hoffnungslos die Aussicht, wie verworren das Beziehungsgeflecht, wie groß der Fehler sein mag; wenn die Liebe stark genug ist, wird sie alle Schwierigkeiten meistern. Wenn es uns nur gelingen würde, genug zu lieben, wären wir die glücklichsten und machtvollsten Wesen der Welt.

## Ruhe ist die beste Medizin

Diese tiefe innere Ruhe zu finden ist das beste Mittel, um die körpereigenen Selbstheilungskräfte zu aktivieren und sich von Krankheiten und Unpässlichkeiten zu kurieren. Denn der Bereich, der Schmerzen oder Beschwerden verursacht (zum Beispiel Hals- oder Bauchweh), stellt nicht mehr als eine »kleine Insel des Unbehagens« in einem riesigen Meer des Behagens dar (der ganze Körper). Und in Anbetracht dessen, was Sie in Wirklichkeit repräsentieren (Sie sind ein Kind des unendlichen Universums, wie Sie wissen), sind Ihre Schmerzen oder Beschwerden ebenfalls verschwindend gering, verglichen mit dem Wohlgefühl, das Teil Ihrer wahren, universalen Natur ist. Wie Deepak Chopra in seinem Buch *Quantum Healing* erklärt: »Im Vergleich zu jeder x-beliebigen Krankheit ist das Gesundheitsbewusstsein so groß wie ein Ozean.«
Wenn Sie also an irgendeiner Stelle des Körpers Schmerzen oder Beschwerden verspüren, können Sie die Meditation der tiefen inneren Ruhe erweitern, indem Sie sich ein Meer der Ruhe vorstellen, ein Meer der Leichtigkeit und des Wohlbehagens, das die Insel des Unbehagens umgibt, überflutet, überwältigt, unter sich begräbt und auflöst. Sehen und spüren Sie, wie die Insel durch den mächtigen

Ozean der Ruhe, der Leichtigkeit und des Wohlge-
fühls – Elemente Ihres wahren Selbst – hinwegge-
spült wird.

## Stille und Natur

Eine weitere gute Möglichkeit, tiefe innere Ruhe zu
finden und zu erfahren besteht darin, in die Stille
zu gehen. Und die Kombination aus Stille und Natur wirkt oft Wunder.
Das liegt daran, dass wir uns aus dem kollektiven
Bewusstsein »ausklinken«, wenn wir uns in der
Natur aufhalten, vor allem an abgeschiedenen Or-
ten. Wir machen uns frei von dem inneren Dialog,
der ununterbrochen in den Köpfen aller Menschen,
gleich wo auf der Welt, stattfindet. Natürlich können Sie auch in den eigenen vier Wänden in die Stille gehen, vor allem, wenn Ihre Mitbewohner aus-
geflogen sind, aber im häuslichen Bereich gibt es
zu viele Ablenkungen. Ein Spaziergang in der frei-
en Natur hat zusätzlich den Vorteil, dass Sie leichter die göttliche Präsenz spüren und in Kontakt mit
ihr treten können, wenn Sie Ihre *ungeteilte* Aufmerksamkeit auf sie richten.
Es gibt etliche Kraftorte auf unserem Planeten
Erde, an dem die Energie oder die höhere Macht in

108

besonderem Maß spürbar ist. Nehmen Sie sich vor, nach solchen Kraftorten Ausschau zu halten (siehe *Fast Food für die Seele – Einfach das Leben ändern,* 14. Kapitel über *Die Macht der Natur*). Kraftorte sind hervorragend geeignet, in die Stille zu gehen und zu einer tiefen inneren Ruhe zu finden. Kraftorte sind der schnellste Weg, um mit Ihrem wahren Selbst Verbindung aufzunehmen, mit der tieferen inneren Ruhe.

# 12 Die Macht von Freude und Lachen

Begeisterung ist ein Magnet für alles Gute im Leben.

Begeisterung ist ein Magnet für alles Gute im Leben.

Begeisterung ist ein Magnet für alles Gute im Leben.

Begeisterung ist ein Magnet für alles Gute im Leben.

Begeisterung ist ein Magnet für alles Gute im Leben.

Sobald Sie dieses Konzept verstanden und verinnerlicht haben, sobald Ihr Unterbewusstsein es voll akzeptiert, haben Sie alles, was Sie brauchen.

Freude und Lachen (Frohsinn, Hochgefühl, Jubel, Aufregung, Entzücken) sind ebenfalls mentale Zustände, die alles Gute im Universum anziehen.

Wenn Sie mir nicht glauben, probieren Sie es aus. Machen Sie sich eine mentale Notiz, sobald Ihnen

etwas Gutes widerfährt, und Sie werden feststellen, dass es immer dann geschieht, wenn Sie sich in Hochstimmung befinden. Wenn man die ganze Welt umarmen könnte oder verliebt ist, passieren mitunter die außergewöhnlichsten Dinge …

Wenn Sie mir immer noch nicht glauben, dann achten Sie einmal auf den Tenor der Telefongespräche, die Sie mit Verwandten und Bekannten führen. Es gibt keine Zufälle im Leben. Wenn Sie sich am Boden zerstört fühlen, scheinen sich die Anrufe von Leuten zu mehren, die Ihnen die Ohren volljammern. Doch sobald Sie die Talsohle überwunden haben, ruft garantiert jemand an, um Ihnen eine gute Neuigkeit zu erzählen.

Wie kommt das?

Weil es ein Gesetz gibt, das besagt: Gleiches zieht Gleiches an. Und das Leben ein Spiel ist, das im Kopf stattfindet.

Wenn Ihnen das klar geworden ist, verstehen Sie auch, warum Begeisterung ansteckend oder wie ein Magnet wirkt, der das Gute anzieht.

Gleiches zieht Gleiches an und deshalb spiegelt Ihre gegenwärtige Situation Ihren gegenwärtigen mentalen Zustand wider.

111

## Den Höhenflug fortsetzen

Das vereinfacht die Sache. Wenn Sie ein rundum befriedigendes Leben führen wollen, mit Erfolg in allem, was Sie tun, ganz gleich ob als Fensterputzer, Werbetexterin oder Leiterin eines Megaunternehmens, müssen Sie bloß den Höhenflug fortsetzen. Das heißt, Sie müssen darauf achten, einen hohen mentalen Energiespiegel zu bewahren.

Wie bereits gesagt, ist ein hohes Maß an mentaler Energie durch einen Zustand gekennzeichnet, in dem Sie voll des Lobes, ausgelassen, dankbar oder zu allem bereit sind, was das Leben zu bieten hat, wie Freude und Lachen … und nicht zu vergessen Liebe, Aufgeschlossenheit, Einfühlsamkeit, Wonne und Glücksempfinden. Kurz gesagt: Sie bewahren sich all die wundervollen tiefen Gefühle und Empfindungen, die das Leben lebenswert machen.

Verglichen mit der Aufgabe, ein hohes Maß an mentaler Energie zu bewahren, ist alles andere von zweitrangiger Bedeutung.

## Das Gesetz der Substitution

Das Gesetz der Substitution kann Ihnen helfen, ein hohes Maß an mentaler Energie zu bewahren.

Wenn Sie sich bei kraftraubenden Gedanken ertappen, bei traurigen, abwertenden, wütenden, negativen, deprimierenden oder sorgenvollen Gedanken, dann sollten Sie als der einzige Entscheidungsträger in Ihrem Leben diese unverzüglich durch positive Gedanken ersetzen (siehe 4. Kapitel über *Die Sieben-Tage-Mentaldiät*).

Das Gesetz der Substitution funktioniert deshalb, weil es ein Trugschluss ist, zu glauben, wir könnten negative Gedanken ein für alle Mal ausmerzen. Der Versuch ist von vornherein zum Scheitern verurteilt, weil er nicht der Arbeitsweise des Gehirns entspricht. Das Gehirn ist darauf geeicht, fortwährend Probleme zu wälzen. Und wenn Sie sich sagen »Ich weigere mich, auch nur einen Gedanken an dieses unerfreuliche Thema zu verschwenden«, beispielsweise warum Sie sauer auf X oder Y sind, müssen Sie erst recht daran denken. Und damit verschlimmern Sie Ihren negativen mentalen Zustand noch, indem Sie noch mehr Energie darauf fokussieren.

Sie können sich von solchen negativen Gedanken an X oder Y nur dann befreien, wenn Sie diese gegen andere, erfreuliche austauschen. Sobald Sie sich also bei einem negativen Gedanken ertappen, richten Sie Ihr Augenmerk umgehend auf ein anderes Thema. Das heißt: Sobald Sie negative durch

positive Gedanken ersetzen, wechseln Sie vom negativen in den positiven Modus über.

## Tun Sie, was Ihnen Freude bereitet!

Denken Sie an den Spaß, den Sie als Siebenjährige mit Tante Mathilde am Strand hatten. Malen Sie sich aus, wie umwerfend Sie in dem neuen Kleid aussehen werden, das Sie morgen kaufen. Schauen Sie sich Ihre Lieblingsserie im Fernsehen an, lesen Sie ein Buch, das Sie aufbaut, lassen Sie sich in die Fantasiewelt von J. R. R. Tolkien entführen, rufen Sie Freunde an, die Sie aufheitern – was auch immer! Tun Sie alles, was in Ihrer Macht steht, um negative Gedanken zu verscheuchen und durch positive zu ersetzen, um deprimierende mentale Bilder gegen farbenfrohe, beglückende einzutauschen.

Wenn Sie sich in einer mentalen Talsohle befinden und Schwierigkeiten haben, auch nur den kleinsten Lichtblick zu entdecken, raffen Sie sich auf und werden Sie aktiv! Gehen Sie joggen, tanzen, Rad fahren oder schwimmen in einem eiskalten See. Kurz gesagt: Tun Sie alles, was in Ihrer Macht steht, um sich zu entspannen, den Jammer zu vergessen und sich aus den Fesseln von Problemen zu

lösen, die Ihre Energie auf den Nullpunkt bringen oder Ihnen den letzten Nerv rauben.

## Gehirnwäsche?

Manchmal werde ich gefragt: »Ist das eine Gehirn-wäsche?«

Und ich antworte: »Natürlich, was sonst!«

Denken Sie daran: Wenn Sie nicht bereit sind, Ihre Gedanken zu steuern und die Entscheidungen in Ihrem Leben zu treffen, wird ein anderer diese Aufgabe für Sie übernehmen.

Unser Unterbewusstsein empfängt unzählige Botschaften, die sich ihm einprägen (einprogrammieren), jede Minute, Tag für Tag – seit unserer Geburt.

In diesem Sinne wurden und werden wir alle einer Gehirnwäsche unterzogen, von Eltern und Familienangehörigen, Gesellschaft, Schule, Freunden oder Massenmedien wie dem Fernsehen. Niemand ist davor gefeit. Dass die Gesellschaft diesen Vorgang als »Erziehung« bezeichnet, ändert nichts daran.

Deshalb bin ich der Meinung: Wenn mich schon jemand einer Gehirnwäsche unterzieht, dann möchte ich selbst dieser Jemand sein!

# Die Macht
# der mentalen Umarmung

Wir alle wissen, wie schön es ist, jemanden zu umarmen und umarmt zu werden.

Eine innige Umarmung – aufrichtig und warmherzig, mit ausgebreiteten Armen – verleiht jedem ein gutes Gefühl.

Umarmen ist eine Form der Zuwendung, bei der man aufblüht. Wenn Sie umarmt werden, blühen Sie auf. Wenn Sie Ihre Kinder umarmen, blühen sie auf. Wenn Sie Freunde umarmen, blühen sie auf. Wenn Sie Menschen umarmen, die Sie lieben, die Ihnen nahestehen, blühen sie auf. Wenn Sie Menschen spontan umarmen, die Sie gerade kennengelernt haben, weil sie Ihnen auf Anhieb sympathisch sind, kann daraus eine lebenslange Freundschaft erwachsen. Wenn Sie Menschen umarmen, (im wörtlichen oder übertragenen Sinn), die Ihnen Probleme bereiten, können Sie Frieden miteinander schließen und eine harmonische, freundschaftliche Beziehung aufbauen.

## Umarmungen, die Nähe schaffen

Ich habe festgestellt, dass man an der Fähigkeit, jemanden zu umarmen, arbeiten kann, sofern sie einem nicht in die Wiege gelegt wurde. Wir verbessern unsere eigene Lebensqualität und unsere zwischenmenschlichen Beziehungen, wenn wir Personen, die uns etwas bedeuten, häufiger diese von Herzen kommende Zuwendung zuteil werden lassen.

Die nachfolgende Technik, die ideal ist, um Nähe herzustellen, umfasst sieben Schritte:

1. Achten Sie auf den richtigen Abstand zu der Person, die Sie umarmen möchten. Weder zu nah noch zu weit weg!
2. Schauen Sie der Person in die Augen.
3. Neigen Sie den Kopf zur Seite (sehr wichtig).
4. Lächeln Sie liebevoll, von Herzen.
5. Öffnen Sie weit die Arme.
6. Treten Sie mit geneigtem Kopf und ausgebreiteten Armen näher.
7. Und nun umarmen Sie die Person, mit aller Macht!

Sobald Sie die Anfangsgründe der Umarmung beherrschen, können Sie einen kleinen »Schnörkel«

für Fortgeschrittene hinzufügen und sich während der Umarmung sanft hin- und herwiegen …!

## Mentale Umarmungstechnik

Ich habe darüber hinaus entdeckt, dass man Menschen, die abwesend sind, auch mental umarmen kann – gleich ob Freund oder »Feind«.

Ich stieß durch Zufall auf diese Technik. Ich grübelte gerade über eine Situation nach, die mir Kopfzerbrechen bereitete. Ich dachte an die betreffende Person, in deren Gegenwart ich mich stets unwohl fühlte, und versuchte mir vorzustellen, wie ich Frieden und Harmonie in diese krisengeschüttelte Beziehung bringen könnte.

In Gedanken malte ich mir aus, wie ich die Person umarmte. Ich hielt mich Schritt für Schritt an die zuvor geschilderte Toptechnik: Ich blickte der Person in die Augen, neigte den Kopf zur Seite, lächelte warmherzig, breitete spontan die Arme aus und umarmte sie mit aller Macht. Zu meiner großen Überraschung fühlte ich mich auf Anhieb besser (ich spürte, dass ich mich geöffnet hatte, sodass Liebe und Verständnis zwischen uns fließen konnten), und als wir uns das nächste Mal begegneten, merkte ich, dass sich unsere Beziehung erheblich

verbessert hatte, viel harmonischer geworden war. Seither habe ich es mir zur Gewohnheit gemacht, Menschen mental zu umarmen.

Ich benutze diese Visualisierungstechnik, um Menschen, die ich liebe, aus der Ferne zu segnen, und meine Beziehung zu Personen zu verbessern, mit denen ich Probleme habe.

## Eine Umarmung, die keine Grenzen kennt

Das Gute an der mentalen Umarmung ist, dass man diese Technik auch bei Personen anwenden kann, die man im wirklichen Leben auf keinen Fall umarmen würde, weil es sich entweder nicht schickt (zum Beispiel bei Menschen, denen man im Rahmen einer geschäftlichen Besprechung oder bei einem hochoffiziellen Empfang begegnet) oder weil es Ihnen schwerfällt, einen »Draht« zu der oder dem Betreffenden zu finden.

Wenn Beziehungen durch Spannungen oder Missverständnisse getrübt sind, sollten Sie diese mentale Umarmungstechnik unbedingt ausprobieren, *gleich wo, wann und bei wem.*

Mentale Umarmungen wirken Wunder, denn sie umgehen den Verstand, erweichen Ihr Herz und glätten die Wellen. Sie müssen nichts weiter tun, als

der betreffenden Person eine aufrichtige, herzliche Umarmung zuteil werden zu lassen, wenn Sie alleine sind und sich entspannt fühlen. Schließen Sie die Augen und stellen Sie sich bildlich vor, wie Sie die Person in die Arme nehmen. Setzen Sie diese Übung so lange fort, bis Sie das Gefühl haben, dass sich die Situation bessert.

Diese Form der Visualisierung wirkt genauso harmonisierend auf unsere Beziehungen zu anderen Menschen wie die Technik, dem höheren Selbst zu schreiben (siehe *Fast Food für die Seele – Einfach das Leben ändern,* 17. Kapitel über *Die Macht von Lob und Segen*). Probleme auf der äußeren Ebene lassen sich oft leicht und friedlich lösen, wenn wir auf der inneren Ebene mit Liebe an ihnen arbeiten.

## Heißen Sie das Göttliche willkommen

Die mentale Umarmung stellt eine wunderbare Möglichkeit dar, Menschen zu segnen. Wenn wir nur das Beste für andere und ihr höchstes Wohl im Sinn haben, können unsere Beziehungen wachsen und gedeihen.

So sagt es schon ein altes Sprichwort: Wie man in den Wald hineinruft, so schallt es heraus.

Wenn wir Liebe geben, erhalten wir Liebe zurück. Wenn wir Wärme und Freude ausstrahlen, fallen Wärme und Freude auf uns zurück.

In Marianne Williamsons Buch *Illuminata* habe ich eine weitere gute Technik zur Verbesserung zwischenmenschlicher Beziehungen gefunden. Sie schreibt: »Sehen Sie sich, wenn Sie sich irgendwo in der Öffentlichkeit befinden oder mit Menschen zusammen sind, die Sie lieben, einmal um. Blicken Sie in die Gesichter der Leute in Ihrer Umgebung und sagen Sie lautlos: ›Das Licht Gottes in mir grüßt das Licht Gottes in dir.‹ Tun Sie das mindestens fünf Minuten lang. Ich behaupte, dass, wenn Sie dies jeden Tag machen, es Ihnen unmöglich sein wird, *nicht* glücklich zu sein.«

# 14

## Die Macht
## der Mentaltherapie

Unter »Mentaltherapie« ist eine klar umrissene, spezifische mentale Aktivität zu verstehen, die spürbar dazu beiträgt, unzureichende Lebensumstände zu verbessern, festgefahrene Situationen zu verändern und hartnäckige Schwierigkeiten zu beseitigen. Die Mentaltherapie ist eine mentale Bewegung mit klar definiertem Anfang und Ende, die etwas in Fluss bringt.

Die Mentaltherapie trägt dazu bei, Einsicht in die wahre Natur der Realität zu erlangen.

Das Ziel besteht darin, einen Punkt zu erreichen, an dem man die wahre Beschaffenheit der Lebensumstände, Situation, Schwierigkeiten oder des Problems erkennt, die einer Therapie bedürfen. Der Therapieerfolg ist nur dann gewährleistet, wenn Sie voll und ganz auf Ihre Selbstheilungskräfte vertrauen.

## Was bedeutet
## Mentaltherapie?

Mentaltherapie ist wie bereits erwähnt eine spezifische mentale Aktivität, nicht zu verwechseln mit der Meditation oder Kontemplation, welche normalerweise darauf abzielen, den Verstand zum Schweigen zu bringen und einen Bewusstseinszustand jenseits aller Sinneseindrücke, Worte oder Gedanken zu erreichen.

Die Mentaltherapie beinhaltet einen aktiven mentalen Prozess mit klaren Gedankengängen, die bewusst darauf ausgerichtet sind, die Wahrheit zu erkennen.

## Eine lange Tradition

Die Mentaltherapie ist eine Technik, die nicht von mir stammt. Sie wird unter verschiedenen Namen in vielen metaphysischen Lehren und Werken östlicher wie westlicher Prägung erwähnt. In der Bibel wird geschildert, wie Jesus Kranke heilte oder Brot und Fische vermehrte, indem er über die wahre Natur der Realität nachsann. Systematische Beschreibungen neueren Datums findet man in den Büchern von Emmet Fox, der sich mit metaphysi-

schen Phänomenen befasste, und *Science of Mind*-Lehrern wie Ernest Holmes oder Emma Curtis Hopkins. Sie enthalten außerdem einen Überblick über die verblüffenden Ergebnisse, die mit der Mentaltherapie erzielt wurden.

## Die Wahrheit

Die Wahrheit über die Natur der Realität ist, dass sich hinter jeder Form der Schöpfung ein höheres Prinzip bzw. eine höhere Macht verbirgt. Sie ist Inbegriff eines grenzenlosen Lebens, einer grenzenlosen Liebe und einer grenzenlosen höheren Intelligenz. Mit anderen Worten: Die wahre Natur der Realität ist immer gut und positiv (im nächsten Kapitel wird dieses Konzept ausführlich beschrieben). Probleme und Schwierigkeiten entstehen nur dann, wenn wir nicht in Einklang mit der wahren Natur der Realität denken und leben – wenn unsere Gedanken falsch »gepolt« oder einschränkend sind, wenn sie uns daran hindern, das höhere Prinzip in unserem Leben zu verwirklichen.

Der Gedanke ist der Kausalfaktor im Universum, wie wir nun wissen. Dementsprechend engen wir unsere Erfahrungswelt ein, wenn wir unseren Gedanken Grenzen setzen.

Hinter diesem Mechanismus verbirgt sich die Gesetzmäßigkeit, die Sie bereits kennen:

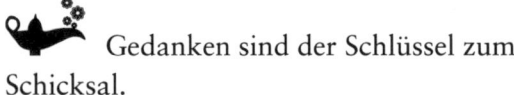 Gedanken sind der Schlüssel zum Schicksal.

Das bedeutet: Um eine Situation zu verbessern, ungeachtet Ihres Problems, bedarf es lediglich der Kontrolle über Ihre Gedanken. Die Mentaltherapie ist eine Form des disziplinierten Denkens, die erfordert, dass Sie die Aufmerksamkeit von Ihrem Problem abwenden und sich auf die wahre Natur der Realität fokussieren.

## Vergessen Sie Ihr Problem!

Wenn Sie sich an diese Empfehlung halten, wenn Sie den Blick von Ihrem Problem abwenden und ihn auf die wahre Natur der Realität konzentrieren, setzen Sie erstaunliche Veränderungen in Gang. Das höhere Prinzip oder die schöpferische Macht im Universum nehmen sich der Einzelheiten an und Ihr Problem verschwindet wie von Zauberhand (siehe 3. Kapitel über *Die Macht des Universums*).
Dieser Wandel tritt ein, weil die wahre Natur der

Realität durch Leben, Liebe und Intelligenz gekennzeichnet ist. Die wahre Natur des Universums ist das *Gute*, das *Positive*. Wenn Sie also Ihre einschränkenden Gedanken loslassen, die den Fluss des Lebens blockieren, kann das höhere Prinzip oder die schöpferische Macht des Universums in Ihnen und durch Sie wirken.

## Mentaltherapie bewirkt Veränderung

Die Mentaltherapie ist in der Lage, grundlegende Veränderungen herbeizuführen. Das bedeutet: Sie können Ihr Leben ändern, indem Sie Ihre Gedanken über die Schwierigkeiten ändern, denen Sie sich gegenübersehen. Da wir in einem mentalen Universum leben, spiegeln die Lebensumstände auf der äußeren Ebene unsere innere Befindlichkeit, unsere gegenwärtigen Gedanken und Überzeugungen hinsichtlich der wahren Natur der Realität wider.

Wenn Sie auf Probleme oder Krankheiten, Mangel oder Schwierigkeiten, gleich welcher Art, fixiert sind, nehmen Probleme, Krankheiten, Mangel und Schwierigkeiten zu. Wenn Sie das Problem aus Ihren Gedanken verbannen, verschwindet es, aus Mangel an Aufmerksamkeit.

Deshalb erfordert die Mentaltherapie, dass Sie die Wahrheit über eine Situation konstatieren, affirmieren, visualisieren und akzeptieren, bis sie sich in der Außenwelt manifestiert. Mit anderen Worten: Sie müssen die wahre Natur der Realität bestätigen, sich bildlich vorstellen und verinnerlichen, selbst wenn sie sich im Augenblick der Mentaltherapie hinter einer scheinbar andersgearteten Fassade verbirgt.

Wenn Sie die wahre Natur der Realität voll und ganz verstanden haben und erkennen, dass das ewige, unendliche, höhere Prinzip auch dann hell erstrahlt, wenn Schwierigkeiten, Krankheiten oder Probleme die Sicht trüben ... wenn Sie das Göttliche an jedem Ort, in jedem Menschen und in jeder Situation wahrnehmen, die mit sogenannten Problemen behaftet ist ... dann, und nur dann, werden sich die Lebensumstände in der Außenwelt verändern. Die »Manifestation« wird nicht lange auf sich warten lassen und Sie werden auf der äußeren Ebene sehen und erleben, was Sie auf der inneren Ebene erkennen, glauben und erfahren.

Alles, woran Sie unerschütterlich glauben, manifestiert sich.

## Wie Sie die Mentaltherapie
## durchführen

Sie können die Mentaltherapie alleine oder im Beisein anderer, für sich selbst oder für andere durchführen. Beginnen wir mit der Selbsttherapie.

## Selbsttherapie

Ziehen Sie sich an einen Ort zurück, wo Sie alleine und ungestört sind. Die Therapiesitzung kann zwischen fünf und zwanzig Minuten oder länger dauern. Sie werden es merken, wenn Sie genug Zeit damit verbracht haben, denn Sie werden ein Gefühl des tiefen inneren Friedens verspüren, während sich die Erkenntnis in Ihrem Unterbewusstsein einprägt.

Bevor Sie beginnen, sollten Sie entscheiden, was Sie therapieren wollen. Vielleicht gibt es eine Situation oder Schwierigkeit, die Ihnen besonders am Herzen liegt, oder Sie visieren mehrere neuralgische Punkte an. Ein Beispiel: Sie fühlen sich in letzter Zeit ziemlich erschöpft, deshalb möchten Sie Ihre Therapie auf perfekte Gesundheit, Kraft und Vitalität ausrichten.

## 1. Beginnen Sie mit dem Universum

Da Ihnen nun klar ist, was Sie mit Ihrer Mentaltherapie anstreben, können Sie anfangen. Setzen Sie sich bequem hin. Schließen Sie die Augen. Entspannen Sie sich und atmen Sie tief ein und aus.

Beginnen Sie mit der Therapie, indem Sie Ihre Aufmerksamkeit auf das höhere Prinzip, die Leben spendende Kraft konzentrieren. Erkennen Sie, dass dieses höhere Prinzip jede Form von Leben schafft, beflügelt und erhält und dass dieses von dieser Kraft durchdrungene Leben gut und positiv ist (eine ausführliche Erklärung finden Sie im 15. Kapitel über *Die Macht des Guten*).

Nehmen Sie sich ein paar Minuten Zeit, um über einige grundlegende Aspekte dieser höheren Macht nachzudenken, wie das Leben, die Liebe und die kosmische Intelligenz. Beginnen Sie zum Beispiel mit dem Leben – der Lebendigkeit selbst. Halten Sie sich vor Augen, dass sich hinter der gesamten Schöpfung eine höhere Macht verbirgt, deren Teil wir sind. Und dass sich diese höhere Macht auch in Ihnen manifestiert. Diese EINE Macht hat Ihnen das Leben geschenkt. Und nicht nur Ihnen, sondern allen Menschen, Tieren und Pflanzen, dem ganzen Universum. Spüren Sie, wie diese höhere Kraft, das Urprinzip des Seins, jetzt in Ihnen und durch Sie fließt.

Nun richten Sie Ihre Gedanken auf die Liebe, die göttliche Liebe, die sich hinter der gesamten Schöpfung verbirgt. Denken Sie an Aspekte, die wir mit der göttlichen Liebe in Verbindung bringen – uneingeschränkte Unterstützung, uneingeschränktes Wohlgefühl, uneingeschränktes Verständnis, uneingeschränkter Schutz. Darin spiegelt sich die Bereitschaft des Lebens wider, unbegrenzt zu geben. Sehen Sie bildlich vor sich, wie diese unendliche Liebe alles durchdringt, was ist, auch den Menschen. Sie, Ihr Leben, Ihren Körper, Ihren Alltag, Freunde, Familie, Nachbarn und Mitmenschen, die gesamte Schöpfung. Denken Sie daran, dass die Schöpfung und alle Erfahrungen, die wir auf dieser Erde machen dürfen, ein Geschenk des Universums sind. Und dass dieses Geschenk des Lebens dem innersten Wesen der göttlichen Liebe entspricht.

Zum Schluss richten Sie Ihr Augenmerk auf die unermessliche kosmische Intelligenz, die sich hinter der Schöpfung verbirgt, die alle Formen des Lebens lenkt, koordiniert, anleitet und ordnet, und auf die unendliche Kreativität, deren Teil wir sind. Erkennen Sie, dass diese kosmische Intelligenz in Ihnen und durch Sie wirkt und Ihre Identität ausmacht. (Weitere Inspirationen finden Sie im 3. Kapitel über *Die Macht des Universums*.)

## 2. Bleiben Sie entspannt

Führen Sie die Mentaltherapie entspannt durch. Erzwingen Sie nichts, sinnen Sie nur eine Weile über die wahre Natur der Realität nach und verinnerlichen Sie einige der beschriebenen Konzepte, mit jeder Faser Ihres Seins. Wenn Sie diesen Teil der Übung abgeschlossen haben und sich entspannt fühlen, halten Sie sich vor Augen, dass das höhere Prinzip, die EINE Macht des Universums nun in Ihnen und durch Sie wirkt.

Spüren Sie diese absolute Macht, die sich hinter der gesamten Schöpfung verbirgt, Ihnen Leben einhaucht, jede Zelle, jeden Muskel und jedes Organ in Ihrem physischen Körper aktiviert und vitalisiert. Lassen Sie Ihre Gedanken bei der unerschöpflichen Kraft und Vitalität des manifesten Universums verweilen. Malen Sie sich aus, wie diese Kraft beschaffen sein könnte. Vielleicht stellen Sie sich galoppierende Pferde auf einer Weide vor, lachende und spielende Kinder, die tosenden Fluten der Niagarafälle, die sich in die Tiefe ergießen, oder Sterne auf ihrer Umlaufbahn durch die unendliche Weite des Alls. Vergegenwärtigen Sie sich Bilder, die Ihnen ein Gefühl der Kraft und Vitalität verleihen. Und dann machen Sie sich bewusst, dass dieselbe Kraft, dieselbe absolute Macht auch in Ihnen und durch Sie wirkt. Spüren Sie diese Kraft – die

Urkraft hinter der Schöpfung – und erkennen Sie, dass sich dieses Potenzial auch in Ihnen entfaltet, in diesem Augenblick. Spüren Sie, wie jede Zelle und jedes Atom Ihres Seins vor Gesundheit und Stärke vibrieren. Erteilen Sie sich die Erlaubnis, dieses Gefühl der Kraft und Lebendigkeit in vollen Zügen auszukosten. Sehen Sie vor sich, wie dynamisch und stark Sie sind, jetzt, in diesem Moment. Danken Sie der höheren Macht, denn Sie wissen nun, dass strahlende Gesundheit, Kraft und Vitalität Bestandteil Ihrer wahren Natur sind.

### 3. Unendliche Dankbarkeit, über jeden Zweifel hinaus

Wenn Sie die Mentaltherapie beenden möchten, sagen Sie laut oder stumm: Ich danke der höheren Macht, der schöpferischen Kraft des Universums – dem Leben spendenden Prinzip –, die in mir und durch mich wirkt, die mir die Gabe des Lebens, Kraft und Vitalität verleiht.

Dann vergessen Sie das Ganze, bis zum nächsten Tag. Sie sollten keine Zweifel aufkommen lassen, sondern uneingeschränktes Vertrauen in den Erfolg haben. Lassen Sie also los: Überantworten Sie Ihre Mentaltherapie nun der schöpferischen Macht des Universums, in der absoluten Gewissheit, dass sie sich der Einzelheiten annehmen wird.

## 4. Wiederholen Sie die Mentaltherapie

Es wäre empfehlenswert – insbesondere wenn das alles »Neuland« für Sie ist – die Mentaltherapie einen Monat lang einmal am Tag zu wiederholen (immer demselben Ablauf folgend). Behalten Sie Ihre Aktivitäten für sich, denn sonst würden Sie Ihre Macht und den Erfolg der Therapie untergraben.

Fangen Sie einfach an. Machen Sie sich die Wahrheit bewusst, haben Sie Vertrauen in den Erfolg der Problemlösungsmethode – und verschwenden Sie bis zur nächsten Therapiesitzung keinen weiteren Gedanken mehr daran. Es ist wichtig, das Problem oder die Probleme zwischendurch aus Ihrem Kopf zu verbannen. Sollte es immer wieder Ihre Aufmerksamkeit auf sich lenken, schalten Sie unverzüglich um und fokussieren Ihre Gedanken auf etwas Positives, Schönes (siehe 12. Kapitel über *Das Gesetz der Substitution*).

Grübeln Sie weder abends im Bett noch tagsüber über Ihr Problem nach. Sobald der Gedanke auftaucht, richten Sie Ihr Augenmerk umgehend auf die Wahrheit – die wahre Natur der Realität (siehe 4. Kapitel über *Die Sieben-Tage-Mentaldiät*). Verbinden Sie sich mit dem Urprinzip des Lebens, Ihres Lebens und des Universums. Spüren Sie dem Gefühl nach. Dann kehren Sie zu Ihrer regulären Beschäftigung zurück.

Das Universum wird sich um das *Wie* kümmern. Es besteht keine Notwendigkeit, sich den Kopf über die Einzelheiten zu zerbrechen. Damit würden Sie nur die Wirkung der Mentaltherapie beeinträchtigen, weil Sie die Anzahl der Möglichkeiten beschränken, die dem Universum für die Lösung Ihres Problems zur Verfügung stehen.

Sobald Sie die Sitzung beendet haben, lassen Sie das Problem also los. Wenn Sie die Therapie regelmäßig und mit vollem Einsatz durchführen, einmal täglich über einen Zeitraum von dreißig Tagen, garantiere ich Ihnen, dass Sie eine Lawine von Ereignissen in Gang setzen, mit denen Sie nie gerechnet hätten.

## Mentaltherapie in der Gruppe

Die Gruppentherapie stellt eine der wirkungsvollsten Therapieformen dar. Dabei ist es von Vorteil, wenn ein Gruppenmitglied die Leitung übernimmt. Jemand, *der das Wort spricht*, denn die Gruppentherapie wird laut durchgeführt. Wenn Sie die Mentaltherapie alleine, als Selbsttherapie durchführen, finden die Abläufe in Ihrem Kopf statt. Derjenige, der die Leitung innehat, bringt das An-

134

liegen laut zum Ausdruck und die Gruppenmitglieder sprechen die Worte nach.

## Kleine Gruppen

Wenn Sie eine Therapiesitzung in einer kleinen Gruppe abhalten (zwischen drei und zehn Personen), können Sie alle Beteiligten vorab fragen, welches Problem sie ins Auge fassen wollen. Das geht natürlich nur, wenn die Gruppe überschaubar ist. Sobald jeder Einzelne entschieden hat, welches Problem einer Lösung bedarf, kann die Sitzung beginnen.

Hier ein konkretes Beispiel. John hat die Führung in einer Gruppe übernommen, die aus vier Personen besteht.

John sucht Inspiration für einen Artikel, an dem er gerade schreibt. Mary leidet unter hartnäckigen Halsschmerzen, Joe sucht eine Möglichkeit, die Spannungen zwischen seinem Vorgesetzten und ihm zu beseitigen, und Susan möchte die Beziehung zu ihrem Mann kitten. Sobald die einzelnen Probleme klar umrissen sind, bitten alle Gruppenmitglieder die höchste Macht, sich in ihrem Leben zu manifestieren.

## 1. Die universale Macht willkommen heißen

Wenn sich alle auf die therapiebedürftigen Probleme geeinigt haben, setzen sich die Gruppenmitglieder bequem hin, entspannen sich, schließen die Augen und atmen tief ein und aus. Dann ergreift John das Wort:

*Diese Sitzung ist für Mary, Joe, Susan und John.* (Alle sprechen ihm nach.) *Ich spreche stellvertretend für Mary, Joe, Susan und John. Ich weiß, dass die Worte, die ich aussende, in das grenzenlose Bewusstsein des Universums eingehen ... und nicht leer zu uns zurückkehren ... sondern Wirklichkeit werden.* (Alle sprechen ihm nach) *Ich heiße die höchste Macht willkommen ... das Leben spendende Prinzip des Universums ... Und ich danke ... für all das Gute ... in meinem Leben ...*

*Ich richte meine Aufmerksamkeit nun ... auf diese alles erschaffende Kraft, die vollkommen, ganzheitlich und umfassend ist ... Ich bin mir bewusst, dass diese höchste Macht uns alle mit Leben erfüllt und erhält ... Ich bin mir bewusst, dass sie das unveränderliche Prinzip des vollkommenen Guten repräsentiert ... und dass sie nun ihr vollkommenes Werk in mir und durch mich verrichtet ...*

John kann alles anführen, was ihm in den Sinn kommt, wenn er an die höchste Macht oder die göttliche Präsenz denkt, die sich hinter allem ver-

birgt, was ist. Er kann so lange fortfahren, bis er das Gefühl hat, Klarheit über die wahre Natur der Realität gewonnen zu haben.

## 2. Das Wort aussenden

Dieser Ausdruck – das Wort zu sprechen oder auszusenden – ist der Bibel entlehnt: »So wird mein Wort sein, das aus meinem Mund hervorgeht. Es wird nicht leer zu mir zurückkehren, sondern es wird bewirken, was mir gefällt, und ausführen, wozu ich es gesandt habe«, Jesaja 55,11.

Sobald alle Gruppenmitglieder entspannt sind und ein Gefühl der Harmonie im Raum eingetreten ist, beginnt John, das Wort für jede einzelne Person zu sprechen …

*Ich sehe nun, wie die universale Macht in und durch Mary wirkt.* (Alle sprechen ihm nach, mit Ausnahme von Mary, die sagt »in mir und durch mich wirkt«.) … *Ich sehe, wie die alles erschaffende Kraft Mary belebt, jede Zelle ihres Körpers mit vollkommener Vitalität und Intelligenz erfüllt … Ich sehe Mary … gesund … und vital … Marys Hals ist stark … und gesund … jede Zelle … in ihrem Hals … strahlt vollkommene Gesundheit aus … Marys Hals … ist widerstandsfähig, robust und frei von Beschwerden.* (Wenn John das Gefühl hat, dass genug gesagt wurde und alle verinnerlicht

haben, dass die höchste Macht in und durch Mary wirkt, beendet er die Mentaltherapie mit den Worten: *Ich habe das Wort für Marys Leben und Gesundheit gesprochen ... und da es sich um eine göttliche Heilung handelt ... eine göttliche Aktivität ... kann sie nicht scheitern. So ist es.*

Dann geht John zur nächsten Person über, in diesem Fall zu Joe und dem Problem mit seinem Chef. Er spricht auf die gleiche Weise das Wort für ihn, indem er stellvertretend für Joe und die Gruppe erklärt und visualisiert, wie die universale Kraft, die Frieden und Harmonie repräsentiert, vollkommenen Frieden zwischen Joe und seinem Vorgesetzten schafft. Dann spricht er das Wort für die Verbesserung der Beziehung zwischen Susan und ihrem Mann. Auch hier beschreibt er die Liebe und Harmonie der höchsten Macht, bis die Realisierung von Liebe und Harmonie in Susans Beziehung im Bewusstsein aller Gruppenmitglieder fest verankert ist.

Wenn John an der Reihe ist, der Inspiration für seinen Artikel sucht, übernimmt ein anderes Mitglied der Gruppe die Aufgabe, das Wort auszusenden.

Wenn alle Probleme angesprochen wurden, übernimmt John abermals die Führung und bittet um die Manifestation des höheren Bewusstseins, um

die alle zu Beginn der Mentaltherapie gebeten haben. Er beendet die Sitzung, indem er das Wort für die ganze Welt spricht. Zum Beispiel:

*Ich spreche nun ...* (alle sprechen ihm nach) *... das Wort für die ganze Welt ... Ich sehe, wie die universale Lebenskraft in und durch jeden Mann, jede Frau und jedes Kind auf dieser Erde wirkt ... Ich sehe, dass alle Menschen ... gleich wo auf der Welt ... Ausdruck dieser höchsten Schöpfungsmacht sind ... in Frieden ... und in Harmonie leben ... wir sehen, wie alle Menschen ... überall ... Lebenskraft ... Gesundheit ... Glück ... Wohlstand ... und Liebe erfahren ... ich sehe das Gute, das nun kommt. Und so wie ich es sehe, ist es.*

## Größere Gruppen

Bei größeren Gruppe ist es unmöglich, auf die Bitte oder Probleme jedes Einzelnen einzugehen. Für die Durchführung solcher Therapiesitzungen gibt es zwei Methoden:

**Erste Methode:** Die ganze Gruppe kann um spezifische Manifestationen bitten, beispielsweise Gesundheit, göttliche Weisheit, tiefen inneren Frieden, Liebe, Wohlstand – worauf auch immer sich die Gruppe einigt.

**Zweite Methode:** Alle Gruppenmitglieder schreiben auf ein Blatt Papier, welches Problem sie gelöst haben möchten. Dann nimmt jeder seine Liste in die Hand, während er um Manifestation seiner Wünsche bittet.

Auch hier sollte es wieder jemanden geben, der die Gruppe führt und im Namen aller Anwesenden das Wort spricht. Wie im Abschnitt über kleine Gruppen beschrieben, beginnt er mit Rezitationen über die wahre Natur der Realität, damit alle Gruppenmitglieder ihre Gedanken über die universale Macht klären können, die Leben schafft, beflügelt und erhält. Im Anschluss kann eine allgemeine Bitte um die Manifestation spezifischer Eigenschaften wie Liebe, Weisheit, strahlende Gesundheit, Friede und Harmonie stattfinden.

Auch hier sollte der Gruppenleiter die Sitzung beenden, indem er das Wort für die ganze Welt spricht und dafür dankt, dass diese Mentaltherapie eine göttliche Aktivität ist und nicht scheitern kann.

## Bedanken und freuen Sie sich!

Wenn Sie die Wahrheit über die Situation, die einer Lösung bedarf, in Ihrem tiefsten Innern erkannt

haben oder instinktiv »spüren«, werden die Ergebnisse in der Außenwelt in Erscheinung treten, sich manifestieren.

Wenn Sie also die wahre Natur der Realität verinnerlicht und verstanden haben, wenn Sie statt der Probleme oder Schwierigkeiten das Göttliche sehen, werden sich Ihre Probleme und Schwierigkeiten in Luft auflösen!

Also, freuen Sie sich ... Sie haben soeben die wahre Bedeutung von Wundern entdeckt!

## Wichtige Punkte bei der Mentaltherapie

- Gestalten Sie die Therapiesitzungen so einfach wie möglich.
- Bewahren Sie Schweigen über die Therapiesitzungen.
- Entspannen Sie sich. Ohne etwas erzwingen zu wollen.
- Haben Sie uneingeschränktes Vertrauen in den Therapieerfolg (über jeden Zweifel erhaben).
- Geben Sie der höchsten Macht niemals Instruktionen, wie die Problemlösung erfolgen soll.
- Zerbrechen Sie sich nicht den Kopf darüber, wie Ihre Bitte erfüllt werden könnte. Überlassen Sie die Einzelheiten dem Universum.

- Richten Sie Ihr Augenmerk auf die Ergebnisse statt auf die Zwischenschritte.
- Streichen Sie die Mentaltherapie aus Ihrem Gedächtnis, sobald die Sitzung beendet ist. Lassen Sie jeden Gedanken daran los.
- Grübeln Sie nach der Mentaltherapie nicht mehr über Ihre Probleme nach.
- Kehren Sie zu Ihrer regulären Beschäftigung zurück, als wäre die Situation, die Sie in der Mentaltherapie angestrebt haben, bereits eingetreten.

# 15

# Die Macht
# des Guten

Glauben Sie, dass es dort, wo Licht ist, auch Schatten geben muss?

Glauben Sie an einen ewigen Kampf zwischen Gut und Böse und dass es geraume Zeit dauert, bis sich das Gute manifestiert und über das Böse siegt?

Glauben Sie, dass es Sie einige Mühe kostet, das Gute in Ihrem Leben zu manifestieren? Dass es sogar einer gewaltigen Anstrengung bedarf?

Wahrscheinlich denken Sie genau das.

Dieser Fehler ist typisch für Neulinge, die sich auf den Weg der Macht begeben. Er basiert auf einer Fehlinterpretation der Natur der Wirklichkeit und des Universums. Dieser Denkfehler – dass es beschwerlich ist, die beschriebenen Techniken anzuwenden und das Gute in meinem Leben zu manifestieren – ist auch mir unterlaufen. Ich war fest überzeugt, ich müsste mich mächtig ins Zeug legen, um ans Ziel zu gelangen.

Der Gedanke, dass sich das Gute im Leben nur im

Schweiße unseres Angesichts manifestieren lässt, wurzelt in unserem innersten Glauben an Gut und Böse. Doch wenn wir davon ausgehen, dass es im Universum nur das Gute gibt, erfordert es keinerlei Anstrengung, das Gute in Ihr Leben zu bringen. Denn wenn es nur das Gute gibt, existiert nichts anderes.

Genau das ist der Fall und ein Lichtblick für uns alle. Lassen Sie mich erklären, warum.

## Die wahre Natur der Realität

Die Realität ist in Wirklichkeit so beschaffen, dass sich hinter der Welt der zahllosen Erscheinungsformen, die wir mit unseren physischen Sinnen wahrnehmen, eine erste Ursache verbirgt, eine höhere Macht. Die Weisen gleich welchen Zeitalters haben diese höhere Macht unter anderem Gott, Schöpfer, himmlischer Vater, Brahman oder Allmächtiger genannt. Ungeachtet der Bezeichnung ist diese höhere Macht oder göttliche Präsenz die Ursache oder das Urprinzip hinter der gesamten Schöpfung.

Nennen wir diesen Urgrund allen Lebens der Einfachheit halber die »EINE Macht«.

Es ist wichtig, alle in diesem Buch beschriebenen Techniken zu verstehen und effektiv anzuwenden,

um die wahre Natur der EINEN Macht zu begreifen. Lassen Sie uns deshalb einen Blick darauf werfen, welche Merkmale und Eigenschaften für sie kennzeichnend sind.

Da diese EINE höchste Macht alles geschaffen hat, was ist, kann es neben ihr kein anderes höheres Prinzip geben. Sie repräsentiert alles, was ist, alles, was existiert – sie ist das Leben selbst.

Weiter zurück zum Ursprung kann man nicht gehen.

Wenn diese EINE Macht das einzige Leben darstellt, das es gibt, muss sie folglich überall und in allem präsent sein, was existiert. Man könnte also sagen, dass diese EINE Macht das Leben spendende Prinzip hinter der gesamten Schöpfung darstellt. Diese höchste Macht – die man auch Gott oder die höchste Präsenz nennen könnte – ist die Ursache, der Ursprung und Schöpfer all dessen, was existiert.


## Die EINE Macht

Wenn nun diese EINE höchste Macht die erste Ursache und der Ursprung all dessen ist, was existiert, kann es nur sie und keinen Gegenpol geben. Dieses Konzept zu verinnerlichen ist besonders wichtig,

weil alle weiteren Erkenntnisse darauf basieren. Deshalb wiederhole ich: Die EINE Macht ist alles, was ist. Und da es nur diese einzige Macht gibt – die Ursprung, Schöpfer, Lebenskraft und Leben spendendes Prinzip zugleich repräsentiert –, kann es keine Macht geben, die einen Gegenpol dazu bildet. Andernfalls würden zwei diametral entgegengesetzte Mächte existieren.

Die Vorstellung oder der Glaube an diese »Zweiheit« oder Dualität ist die Grundlage allen Glaubens an den unvereinbaren Gegensatz von Gut und Böse. Es lohnt sich, einmal genauer darüber nachzudenken.

## Das Feld

Die Vorstellung von der »Einheit« der höchsten Macht wird von der Quantenphysik und der Theorie des vereinigten Feldes untermauert. Entsprechend den neueren wissenschaftlichen Erkenntnissen ist die gesamte manifeste Schöpfung ein einziges riesiges Energie- oder Kraftfeld. Physiker haben die Theorie aufgestellt, dass die Atome, aus denen Materie sich zusammensetzt – wir Menschen eingeschlossen –, aus identischen, untereinander austauschbaren subatomaren Partikeln be-

stehen, die sich in Energiewellen verschiedener Art aufspalten lassen. Diese Energiewellen bilden das miteinander verbundene vereinigte Feld, das jede Form der Schöpfung hervorbringt.

Viele namhafte spirituelle, metaphysische und esoterische Lehrer haben von jeher darauf hingewiesen, dass sich hinter der gesamten manifesten Schöpfung ein einziges ätherisches Feld verbirgt, in dem wir alle leben, uns bewegen und unser Sein erfahren. Es sieht ganz so aus, als würde es der Wissenschaft über kurz oder lang gelingen, dieses Feld genauer zu beschreiben.

## Die Natur des EINEN Energiefelds

Zum besseren Verständnis wollen wir versuchen, die wahre Natur der EINEN Macht zu ergründen und einige ihrer charakteristischen Merkmale zu bestimmen.

Wenn es nur EINE höchste Macht gibt, ist diese zwangsläufig:

**Allmächtig/allgewaltig:** Das liegt daran, dass es keine Dualität geben kann, wenn nur die EINE höchste Macht existiert und diese alles ist, was ist. Da es somit nichts gibt, was der EINEN Macht dia-

metral entgegengesetzt wäre oder sich ihr widersetzen könnte, muss sie allmächtig sein. Mit anderen Worten: Die EINE Macht ist nicht irgendeine Macht, sondern die einzige Macht, die es gibt, und folglich all-mächtig.

**Allgegenwärtig:** Da es nur die EINE Macht gibt, muss sie in allen Formen der Schöpfung uneingeschränkt präsent oder allgegenwärtig sein. Folglich ist diese höchste Macht das Leben spendende Prinzip hinter der gesamten Schöpfung, alle Menschen und lebenden Organismen eingeschlossen.

**Allwissend:** Da die EINE Macht alles ist, was existiert, muss sie auch das unendliche Bewusstsein oder die höhere Intelligenz repräsentieren und als solche für Planung, Aufbau und Erhalt der gesamten Schöpfung verantwortlich sein. Daher ist sie allwissend. Sie weiß alles, was es zu wissen gibt, da sie alles geschaffen hat.

**Friede und Harmonie:** Wenn es nur die EINE Macht gibt, können in Ermangelung eines entgegengesetzten Prinzips oder Gegenpols keine Konflikte entstehen. Folglich müssen die höchste Macht und ihr Wirken von Frieden und Harmonie durchdrungen sein.

148

**Liebe:** Liebe ist ein Synonym für Frieden und Harmonie. Mit dem Begriff »Liebe« beschreiben wir das Gefühl vollkommener Sicherheit und Geborgenheit, das Gefühl, dass sich alles im Gleichgewicht, in Einklang befindet. Was könnte uns mehr Geborgenheit vermitteln als das Wissen, Teil dieser allumfassenden Liebe zu sein?

**Fülle:** Da die Schöpfung in der EINEN höchsten Macht inbegriffen ist, muss diese EINE Macht unendliche Fülle repräsentieren. Weil es außer ihr nichts anderes gibt.

**Unzerstörbar:** Da es kein Gegenprinzip gibt, muss die EINE Macht unzerstörbar sein. Es existiert keine andere Macht, die dieses Feld beeinträchtigen oder vernichten könnte.

**Unsterblich/ewig:** Da die EINE Macht unzerstörbar ist, muss sie auch unsterblich und unvergänglich sein. Sie muss folglich das EINE ewige Leben sein, das niemals stirbt und weder Geburt noch Tod unterworfen ist.

**Das höchste Prinzip:** Ein Prinzip oder Gesetz ist in seinen Grundstrukturen unveränderlich. Da die EINE Macht ewig, unsterblich und somit immer

gleich ist, muss sie das höchste Prinzip oder Gesetz repräsentieren.

**Das vollkommene Gute:** Aus alledem können wir schließen, dass die EINE Macht das unwandelbare Prinzip des vollkommenen Guten sein muss, da sie alles ist, was existiert.

## Warum das Gute?

Wie können wir das Gute definieren? Was versteht man darunter? Was stellen sie sich unter dem höchsten Guten vor?

Das höchste Gute, das wir uns vorstellen können, würde vermutlich grenzenloses Leben, grenzenlose Liebe, grenzenlosen Frieden und Harmonie und grenzenlose Fülle beinhalten. Wie wir gerade gesehen haben, sind genau diese Eigenschaften charakteristisch für die EINE Macht, in deren Kraftfeld wir alle leben, uns bewegen und unser Sein erfahren.

Diese Argumente sind stimmig und bilden eine klare Linie. Deshalb wissen wir, dass die EINE höchste Macht das unveränderliche Prinzip des vollkommenen Guten ist.

## Alles ist gut

Da die EINE Macht die Verkörperung des Guten ist und alles Existierende umfasst, muss alles, was existiert, gut sein. Was für eine Erleichterung!

Nun wissen wir, dass wir das Gute nicht erst mit vereinten Kräften schaffen müssen. Es ist bereits in allem vorhanden!

Es hat schon immer existiert und existiert noch heute, hier und jetzt. Das Gute ist in allem vorhanden, was es gibt. Die Manifestation des Guten stellt keine Bürde dar, die Sie schultern müssen.

Das Gute ist die wahre Natur der Realität. Die Realität ist gut, weil die EINE Macht, die alles erschaffen hat, mit Leben erfüllt und erhält, das Gute repräsentiert. Es gibt nur das Gute und nichts anderes.

Das vereinfacht die grundlegende Veränderung Ihres Lebens – den Wunsch, neue gute Dinge in Ihr Leben zu bringen – ungemein. Sie müssen Ihre Aufmerksamkeit nur auf das Gute – auf die wahre Natur der Realität – fokussieren und darauf warten, dass es Gestalt annimmt.

Die meisten von uns neigen zu der Auffassung, es sei Aufgabe jedes Einzelnen, Gutes zu schaffen, und dass wir große Mühe aufwenden müssen, um dieses Ziel zu erreichen. Doch das ist nicht der Fall.

Das Gute ist bereits in Hülle und Fülle vorhanden. Sie müssen es nicht herbeiführen, sondern nur aufhören, die Manifestation in Ihrem Leben zu blockieren, indem Sie Ihre Aufmerksamkeit auf Grenzen und Einschränkungen fixieren. Das ist Ihre einzige Aufgabe!

Deshalb ist es so leicht, Ihr Leben zu verändern und neue positive Wendungen zu realisieren. Sie müssen nur eines tun: dem Guten seinen freien Lauf lassen!

## Was ist real?

Es gibt noch einen anderen Gedankengang, der zur gleichen Schlussfolgerung über die wahre Natur der Realität führt.

Er beginnt mit der Frage: Was ist real?

Wenn wir real als etwas definieren, was unveränderlich ist, sollten wir uns als Erstes fragen: Was verändert sich nie? Verfolgt man diesen Gedanken weiter, entdeckt man schnell, dass die physische Welt einem permanenten Wandel unterworfen ist. Das Wetter ändert sich, Menschen und Situationen ändern sich – in der physischen Welt befindet sich alles in stetigem Fluss. Unser Körper, unsere Gefühle, Gedanken, Vorstellungen, Anschauungen,

Verhaltensweisen und Wahrnehmungen ändern sich.

Wenn Sie weiter nachforschen, werden Sie feststellen, dass es nur eines gibt, was sich nie ändert: das Bewusstsein, *hier zu sein*, auf dieser Welt. Dieses Bewusstsein – das Ichbewusstsein – begleitet uns zeitlebens, gleich ob wir fröhliche oder traurige Gedanken hegen, einen guten oder schlechten Tag haben, reich oder arm, jung oder alt, männlich oder weiblich sind. Wenn Sie Ihre Aufmerksamkeit auf dieses Ichbewusstsein fokussieren, werden Sie merken, dass Sie sich Ihrer Existenz bewusst sind, hier und jetzt, ungeachtet der Gefühle, die Sie damit verbinden. Es macht keinen Unterschied für dieses Ichbewusstsein, ob Sie sich gesund und munter oder elend und krank fühlen. Das Ichbewusstsein ist vorhanden, so oder so. Dieses Ichbewusstsein, das Zeugnis, das wir von unserer Existenz ablegen, das Gefühl, wir selbst zu sein, eine eigene Identität zu besitzen, verschwindet oder ändert sich nicht, auch wenn sich unsere Gedanken, Empfindungen oder Verhaltensweisen ändern. Dieses Ichbewusstsein ist immer vorhanden. Es ist die einzige Konstante in unserem Leben. Daraus können wir ableiten, dass dieses Gefühl des Seins real ist. Es ist das Einzige, was wir mit absoluter, hundertprozentiger Sicherheit wissen.

Wenn Ihnen dieser Gedanke noch unklar ist, sollten Sie einen Moment innehalten und sich fragen, was Sie wirklich zuverlässig wissen. Was ändert sich niemals? Wenn Sie der Frage auf den Grund gehen, werden Sie entdecken, dass Sie nur eines mit hundertprozentiger Gewissheit behaupten können: *dass es Sie gibt.*

*Sie sind der Beweis Ihrer Existenz!* Es gibt keinen anderen Nachweis dafür, dass Sie real sind.

## Die Ich-bin-Präsenz

Dieses Ichbewusstsein lässt sich auch mit dem Begriff *Ich-bin-Präsenz* beschreiben. Unsere Ich-bin-Präsenz stellt eine Möglichkeit dar, dieses Sein – das grenzenlose Sein – zum Ausdruck zu bringen. Denn wenn man sagt, »ich bin«, ist dieses Ichbewusstsein auf eine Weise definiert, die unendlich viel Spielraum lässt. Sobald man ein Wort hinzufügt – zum Beispiel ich bin glücklich oder ich bin traurig –, ordnet man diesem Gefühl des Seins ein bestimmtes (einschränkendes) Merkmal und einen Zustand zu, der sich früher oder später ändern wird. Der Begriff »ich bin« steht also für ein uneingeschränktes Sein.

## Was bedeutet Ich-bin-Präsenz?

Was hat es mit dieser Ich-bin-Präsenz auf sich? Wie bereits gesagt, umfasst dieser Begriff das Gefühl des grenzen- und eigenschaftslosen Seinszustands. Das reine Bewusstsein – unverfälscht und ohne individuelle Besonderheiten. Weiter zurück können wir bei unserer Erkundung der wahren Natur der Realität nicht gehen. Die großen Denker der Welt sind zu der Schlussfolgerung gelangt, dass dieses Bewusstsein, diese Wahrnehmung des Selbst im Hier und Jetzt, mit der EINEN Macht identisch sein muss. Wie könnten wir sonst existieren? Dieses Bewusstsein ist das, was wir sind. Und da wir Teil dieser EINEN Macht sind, ist diese höchste Macht das Bewusstsein.

## Der Mensch ist gut!

Der nächste Schritt in diesem Gedankengang wäre die logische Schlussfolgerung: Wenn wir mit dem Bewusstsein identisch sind, das die EINE Macht repräsentiert, und es nichts anderes gibt als diese höchste Macht, müssen wir die gleichen Eigenschaften besitzen wie sie. Das heißt, dass wir, genau wie sie, von Natur aus gut sind!

Was bedeutet das alles aus praktischer Sicht? Wie können Sie mithilfe dieser Erkenntnisse Ihr Leben grundlegend verbessern?

Diese Erkenntnisse führen Ihnen vor Augen, dass es Ihnen als dem einzigen Entscheidungsträger in Ihrem Leben (siehe 4. Kapitel über *Die Macht des Entscheidungsträgers*) freisteht, den Fokus Ihrer Aufmerksamkeit nach Belieben zu lenken. Das heißt: Sie können an Ihren einschränkenden Gedanken über sich selbst und Ihr Leben festhalten, sodass Sie auch in Zukunft mit den entsprechend begrenzten Manifestationen konfrontiert werden, oder beschließen, Ihre Gedanken auf die wahre Natur der Realität abzustimmen. Wenn Sie diese Option wählen, richten Sie sich mental auf die allmächtige EINE Macht aus, die grenzenlose Intelligenz, grenzenloses Leben, grenzenlose Liebe, grenzenlosen Frieden, grenzenlose Harmonie und grenzenlose Fülle repräsentiert – kurz gesagt: das grenzenlose Gute.

Dieser Fokus wird jeden Aspekt Ihres Lebens verändern.

# 16

# Die Macht
# der Vision

Worin besteht der nächste Schritt?

Wohin führt das alles?

Wir sind Zeuge und Teilnehmer fantastischer Ereignisse. Derzeit findet ein planetarischer Wandel von ungeahnten Ausmaßen statt, hier und jetzt. Eine nie da gewesene Revolution des Bewusstseins.

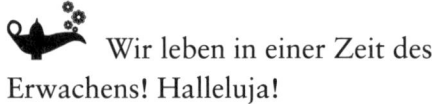 Wir leben in einer Zeit des Erwachens! Halleluja!

Die Menschheit hat im Zuge der Evolution Eigenschaften entwickelt, die grundlegende Veränderungen nach sich zogen. Aus intuitiven, gruppenorientierten und stammesbewussten Menschen, die über Generationen in Einklang mit der Natur lebten (wie alle Naturvölker, zum Beispiel die Ureinwohner Amerikas, die Aborigines oder die Inuit), wurden mehr oder weniger Einzelkämpfer mit einem egozentrierten Bewusstsein, die sich aggressiv über

die Grenzen Europas hinaus ausbreiteten und die ungeheure Macht der Wissenschaft und Technologie nutzten, um die ursprüngliche Bevölkerung in aller Welt zu unterwerfen. Dieses egobasierte Bewusstsein, das den Blick auf das Individuum und die materielle Welt richtete, beherrschte unseren Planeten Erde durch die Entwicklung intellektueller und analytischer Fähigkeiten.

Nun beginnt diese egobasierte analytische Orientierung – diese säkulare Weltsicht, auch wissenschaftlicher Materialismus genannt – Amok zu laufen, nachdem sie ihre Schuldigkeit getan und die unermesslichen Kräfte der Wissenschaft und Technologie von der Leine gelassen hat. Habgier, Selbstsucht, Kriege, Umweltverschmutzung, Gewalt und Profitstreben, ohne einen Gedanken an das Wohl des Planeten Erde zu verschwenden, gehören zu den verheerenden Folgen. Das ist allseits bekannt. Bekannt ist auch, dass wir nicht mehr lange so weitermachen können, ohne uns selbst und unseren Lebensraum endgültig zu zerstören.

Erschwerend kommt hinzu, dass dieser »Materialismus«, auf den sich unsere säkulare Weltsicht stützt, eine krasse Fehleinschätzung ist, wie wissenschaftliche Entdeckungen inzwischen klar belegen. Es stellt sich heraus, dass die Mystiker recht hatten: Wir sind Lichtkörper, miteinander verwobene, ver-

158

netzte *Energiemuster*. Das Universum ist ein einziges weitläufiges Energiesystem, in das wir als Beobachter eingebunden sind. Es gibt keine sogenannte objektive Welt, die unabhängig vom Beobachter ermessen oder ergründet werden kann. Die Wissenschaft ist zu der Schlussfolgerung gelangt, dass unsere Realität in Wirklichkeit das Ergebnis unserer Absichten und Intentionen ist.

Es sieht ganz so aus, als sei es höchste Zeit, unsere Orientierung zu ändern. Es ist Zeit für eine planetarische Veränderung, einen nachhaltigen Wandel des kollektiven Bewusstseins. Was erklären könnte, warum sich auf unserem Planeten derzeit so viele Seelen aufhalten. Als hätten wir alle beschlossen zu reinkarnieren, um an dem großen Ereignis teilzuhaben.

Zweifellos hat das analytische Bewusstsein ganze Arbeit geleistet: Wir haben neue Türen geöffnet und ungeheure Kräfte freigesetzt. Doch jetzt gilt es, sich anderweitig zu orientieren und mehr als den analytischen Verstand zu gebrauchen – wir müssen wieder lernen, auf unser Herz zu hören. Wir müssen unsere Antennen auf die innere Stimme ausrichten und mit unserem wahren Selbst Kontakt aufnehmen, um die erforderliche Vision zu entfalten und Kontrolle über die »Ausgeburten« unserer Fantasie zu gewinnen.

Es ist höchste Zeit, allerhöchste Zeit.

Es ist Zeit, erwachsen zu werden, den nächsten Schritt in unserer Evolution in Angriff zu nehmen und *bewusste Entscheidungsträger* zu werden, nicht nur in unserem eigenen Leben, sondern auch, was das Leben unserer Spezies auf dem Planeten Erde betrifft. Denn wir sind die Hüter des heiligen Feuers. Wir sind erwachsen. Wir sind Mitschöpfer, sind gemeinsam mit der höchsten Macht für das verantwortlich, was ist.

Doch um den nächsten Schritt in die Wege zu leiten und als Mitschöpfer unseren rechtmäßigen Platz im Universum einzunehmen, bedarf es einer *Vision*.

Viele Menschen benutzen die in meinen und anderen Büchern beschriebenen Techniken für eine Neuausrichtung ihres Bewusstseins und ihres Lebens. Das ist erfreulich, zumal die individuelle Neuorientierung für das Überleben unseres Planeten von zentraler Bedeutung ist. Sie stellt den ersten entscheidenden Schritt auf dem neuen Weg dar. Doch bevor wir aufbrechen, gilt es, vor der eigenen Tür zu kehren und das eigene Haus in Ordnung zu bringen.

Wir müssen bewusste Entscheidungsträger in unserem eigenen Leben werden. Solange wir diesen Schritt nicht vollzogen und uns auf ein höheres

Energieniveau ausgerichtet haben, können wir nicht das Geringste bewirken. Alle Träume, guten Wünsche und besten Absichten für unseren Planeten Erde sind unterm Strich nutzlos, wenn das eigene Haus in Trümmern, das eigene Feld brachliegt: »An ihren Früchten sollt ihr sie erkennen«, Matthäus 7,20.

Wenn Ihr Feld bestellt und Ihr Haus in Ordnung ist, wenn die ungezügelte Freude am Leben Ihre Seele erfüllt und Ihr Dasein beherrscht, werden Sie feststellen, dass Sie bereit sind für den nächsten Schritt. Weil Freude die Neigung hat, sich auszubreiten, und sich nicht eindämmen lässt! Sie kennen das Gefühl ... Freude ist zwingend, unwiderstehlich und ansteckend! Freude beinhaltet ein Glücksempfinden, das man automatisch mit jedem Menschen, dem man begegnet, teilen möchte. In das man seine Nachbarn einbeziehen möchte. Das man weder auf Sparflamme halten noch abwehren kann ... etwas Wunderbares ...

*Wahre Liebe, göttliche Liebe, universelle Liebe ist der innige Wunsch, dass es anderen gut gehen möge!*

Frederick Bailes

Eine wunderbare Definition!

## Der nächste Schritt

Was sollen wir nun tun? Wie sollen wir leben, wie sollen wir unseren Alltag als Mitschöpfer der EINEN höchsten Macht gestalten, als bewusste Entscheidungsträger in unserem eigenen Leben und im Leben des Planeten Erde?

Zuerst gilt es, sich stets die wahre Natur des Universums vor Augen zu halten: *Am Anfang steht immer der Gedanke. Der Gedanke ist die erste Ursache* – in Ihrem Leben, im Leben des Planeten Erde und im Leben des Universums. Und da Gedanken die erste Ursache darstellen, brauchen wir die richtigen Gedanken. Klare, fokussierte Gedanken. Sie sind ungeheuer wichtig, damit wir lernen, klar zu denken und uns das Gute bildlich vorzustellen. Wir müssen vor unserem inneren Auge eine klare Vision der neuen Welt entstehen lassen, bevor sie sich manifestieren und Wirklichkeit werden kann.

Mit anderen Worten: Wir müssen als Erstes visualisieren und glauben. Dann, und nur dann, wird unser Wunsch auf der äußeren Ebene Gestalt annehmen. Dann, und nur dann, wenn unsere Vision klar und stark ist, wenn wir sie in allen Einzelheiten kennen und daran glauben, wird sie sich manifestieren. Deshalb ist es unabdingbar, umgehend

die innere Arbeit zu leisten, um den Wandel des Planeten anzustoßen und täglich eine klare Vorstellung davon zu haben, wohin unser Weg führen soll.

## Wie sollen wir den Weg in ein neues Leben gestalten?

Wie gestalten aufgeklärte Männer und Frauen den Weg in ein neues Leben?
Diese Frage sollten Sie selbst beantworten.
Meditieren Sie darüber.
Suchen Sie nach konkreten Antworten.
Halten Sie nach Lösungen Ausschau, von denen Sie tief in Ihrem Innern wissen, dass sie funktionieren.
Meine Vision für den Weg sieht folgendermaßen aus:
Als Erstes muss sich das Leben auf dem Planeten Erde, die Menschheit, wie wir sie kennen, weiterentwickeln. Jeder besitzt die Fähigkeit, sich weiterzuentwickeln, ein besserer Mensch zu werden, auf eine höhere Bewusstseinsebene zu gelangen, liebevoller zu sein. Wir müssen dieses Potenzial nur entfalten.
Aufgeklärte Männer und Frauen sollten lernen, jeden Tag, zu jeder Stunde und in jeder Minute die goldene Regel Jesu zu praktizieren, die da lautet:

»Alles, was ihr also von anderen erwartet, das tut auch ihnen!« (Matthäus 7,12). Wir müssen uns an das Sprichwort halten »Was du nicht willst, das man dir tu, das füg' auch keinem anderen zu«. Eine andere Möglichkeit, eine andere Lösung gibt es weder für uns noch für unseren Planeten.

Das, was wir von anderen erwarten und ihnen zugutekommen lassen sollten, schließt auch rechtes Denken ein, denn der Gedanke ist das Samenkorn der Realität. In der nächsten Phase der Evolution werden unsere Gedanken sichtbar (für die Einfühlsamen sind sie es bereits). Folglich sollten wir für andere das gleiche Gute visualisieren und anstreben, das wir uns selbst wünschen. Das Gute des einen ist nämlich das Gute aller.

Das bedeutet auch, dass wir das Göttliche in jedem Menschen sehen sollten, auch in denen, die uns unsympathisch oder feindlich gesinnt sind. Wir können das äußere Auftreten oder Verhalten bestimmter Personen missbilligen, dennoch müssen wir das Göttliche im Innern jedes Menschen, dem wir begegnen, erkennen und begrüßen. Wir sollten ihm alles Gute wünschen, uns auch für ihn das höchste Wohl vorstellen oder, wie Frederick Bailes es ausdrückt, den beständigen innigen Wunsch hegen, dass es anderen gut gehen möge.

Mit diesem Gedanken im Hinterkopf werden wir

immer die richtigen Entscheidungen treffen, für uns selbst und für unseren Planeten.

## Umweltbewusstsein

Wenn wir erkannt und akzeptiert haben, dass wir die Entscheidungsträger in unserem Leben und im Leben des Planeten Erde sind, werden wir über die Konsequenzen unseres Verhaltens nachdenken. Aller Verhaltensweisen und Aktivitäten. Auf der praktischen Ebene heißt das Abfall-Recycling, Wasser sparen, organische Ernährung, Bau oder Kauf umweltfreundlicher Häuser, Rettung der Wälder, Drucker mit umweltfreundlichen Tonern bestücken, öfter mit dem Fahrrad fahren, die Meere von Schadstoffen säubern, umweltschonende Autos fahren, Projekte unterstützen, die nachhaltiges Wachstum fördern, Kleidung aus organischer Baumwolle tragen, Naturkosmetik verwenden, mit dem Rauchen aufhören, Qualität und Handwerk fördern, Produkte boykottieren, die unsere Gesundheit und unsere Umwelt gefährden, tiefe innere Ruhe pflegen und praktizieren, weniger essen, Bäume pflanzen und umarmen, die Selbstheilungskräfte des Körpers aktivieren, in die Stille gehen, Geld, Ressourcen und Energie zirkulieren lassen,

den Zehnten entrichten, auf die Weisheit des Herzens hören und einzigartige Talente nutzen, um einen Beitrag zur Arbeit achtbarer Unternehmen und humanitärer, ethisch ehrenhafter Organisationen zu leisten. Mit anderen Worten: Wir sollten lernen, zu geben und zu lieben, zu geben und zu lieben und nochmals zu geben und zu lieben …

Es versteht sich von selbst, dass einem bewussten Entscheidungsträger stets gegenwärtig ist, was er tut und wie er mit seinem Verhalten das Ganze beeinflusst, die Gemeinschaft aller Lebewesen, auf jedem Schritt des Weges, Tag für Tag und Minute für Minute.

## Hören Sie auf
## Barbara Marx Hubbard

Niemand hat es besser ausgedrückt als die Zukunftsforscherin Barbara Marx Hubbard in ihrem Buch *Happy Birth Day, Planet Earth*. Sie richtet folgenden Appell an uns alle:

Denken Sie sorgfältig nach. Denken Sie klar. Denken Sie anspruchsvoll. Konzentrieren Sie sich auf Ihre Vision von dem Menschen, der Sie werden wollen. Bitten Sie Ihre innere Stimme, zu Ihnen zu sprechen. Lassen Sie Ihre Gedanken vom Kompass

der Freude leiten, bis sie sich auf die magnetische Anziehungskraft eines schöpferischen Akts in der Welt ausrichten.

Was ist der Sinn Ihres Lebens – wozu sind Sie auf dieser Welt? Stellen Sie sich vor, Sie könnten sich einen Herzenswunsch erfüllen. Malen Sie sich aus, Sie wären in der Lage, alles zu tun und alles zu sein, was Sie sich jemals erträumt haben.

Stellen Sie diese Vision in den Kontext der Evolution einer Menschheit, die ihr volles menschliches Potenzial ausschöpft. Sehen Sie vor sich, wie Sie an dieser Entwicklung teilhaben, gemeinsam mit allen anderen, die ebenfalls einem einzigartigen Ruf aus dem Innern folgen.

## Verändern Sie Ihr Leben jetzt!

Es ist an der Zeit, das rechte Denken zu praktizieren. Es ist an der Zeit, Ihre Gedanken auf das Höchste und Beste zu fokussieren, das Sie sich vorstellen können, sich von alten, überholten, ausgedienten Existenzmodellen zu befreien und egobasiertes Konkurrenzverhalten durch Handlungsmuster zu ersetzen, die sich in Einklang mit der Natur befinden, die Liebe, Gesundheit, Frieden und Harmonie zwischen allen Kreaturen und Lebe-

wesen auf dem Planeten Erde fördern – zum höchsten Wohl aller Betroffenen.

Vergewissern Sie sich, dass Ihre Gedanken immer positiv, konstruktiv, zuträglich und in allen Aspekten genau umrissen sind. Für sich selbst und alle anderen. Machen Sie klugen Gebrauch von Ihrer Macht als bewusster Entscheidungsträger. Visualisieren und manifestieren Sie tiefen inneren Frieden, Weisheit und Verständnis, Gesundheit, unerschöpfliche Vitalität, unerschütterliche Freude, Reichtum und überwältigende Fülle für sich selbst und alle anderen Bewohner unseres Planeten.

## Spüren Sie die Freude

Denken Sie positiv über die planetarische Bewusstseinsveränderung, die gegenwärtig stattfindet. Sehen Sie, wie sie um sich greift. Nehmen Sie wahr, wie sie immer größere Kreise zieht. Spüren Sie die Freude, die damit einhergeht. Erkennen Sie im tiefsten Innern Ihres Herzens, dass wir, die bewussten Entscheidungsträger, unsere irdische Heimstatt in das himmlische Paradies verwandeln werden, das vor unserem inneren Auge Gestalt annimmt. Sehen Sie es vor sich, spüren Sie es und glauben Sie fest daran … dann wird es sich manifestieren.

Weil wir die erste Ursache sind.
Weil wir alle zu den Lichtwesen gehören, denen es bestimmt ist, auf dem Weg zur Macht zu singen und zu tanzen!
So ist es.
Halleluja!

# Literatur

## Die Macht
## unserer spirituellen Lehrer

Wir können uns glücklich schätzen, weil wir über viele wunderbare spirituelle Lehrer verfügen. Hier eine kleine Auswahl meiner Lieblingslehrer und ihrer Bücher:

Frederick Bailes: *Your Mind Can Heal You*, Marina Del Rey/CA 1980.
  – *Basic Principles of the Science of Mind*, Marina Del Rey/CA 1980.
Raymond Charles Barker: *Money Is God in Action*, Marina Del Rey/CA, 1983.
Deepak Chopra: *Die Körperzeit. Mit Ayurveda jung bleiben, ein Leben lang*, München 2002.
  – *Die sieben geistigen Gesetze des Erfolgs*, Berlin 2004.
The Findhorn Community: *Der Findhorn Garten*, Berlin 1981.
  – *The Kingdom Within: A Guide to the Spiritual Work of the Findhorn Community*, Forres 1994.
Emmet Fox: *Das mentale Äquivalent*, Pforzheim 1996.

– *Find and Use Your Inner Power*, New York 1992.

– *Make Your Life Worthwhile*, New York 1984.

– *Macht durch positives Denken*, München 1989.

Louise L. Hay: *Du bist dein Heiler*, Berlin 2004.

Napoleon Hill: *Die Philosophie des Erfolgs*, Bonn 1993;

– *Denke nach und werde reich*, Kreuzlingen/München 2005.

Ernest Holmes: *The Anatomy of Healing Prayer*, Los Angeles 1991.

– *Ideas of Power*, Los Angeles 1992.

– *Vollkommenheitslehre*, Schmitten 1998.

– *Creative Mind and Success*, Paramus/NJ, 2007.

Emma Curtis Hopkins: *High Mysticism*, New York 2007.

– *Scientific Christian Mental Practise*, New York 2007.

Barbara Marx Hubbard: *Happy Birth Day, Planet Earth*, Santa Fe/NM, 1986.

Shirley MacLaine: *Zwischenleben*, München 1984.

David Malin: *Das unsichtbare Universum*, Köln 2002.

Catherine Ponder: *Die dynamischen Gesetze der Heilung*, München 2007.

– *Die dynamischen Gesetze des Reichtums*, München 1996.

– *Die Heilungsgeheimnisse des Jahrhunderts*, München 2006.

James Redfield: *Die Erkenntnisse von Celestine: Das Handbuch*, Berlin 2004.

– *Die Prophezeiungen von Celestine*, Berlin 2007.

Pat Rodegast und Judith Stanton: *Emmanuel's Book: A Manual for Living Comfortably in the Cosmos*, New York 1989.

– *Emmanuel's Book II: The Choice for Love*, New York 1997.

– *Emmanuel's Book III: What Is an Angel Doing Here?*, New York 1994.

Florence Scovel Shinn: *Das geheime Tor zum Erfolg*, München 1999.

– *Dein Wort ist dein Zauberstab*, Linz 2002.

– *Das Lebensspiel und seine Regeln*, Linz 2003.

José Silva: *Silva Mind Control*, Berlin 2004.

– *Der Heiler in dir*, München 2006.

John P. Speller: *Seed Money in Action: Working the Laws of Tenfold Return*, Canbria/CA 1989.

Eckhart Tolle: *Jetzt! Die Kraft der Gegenwart*, Bielefeld 2004.

Neale Donald Walsch: *Gespräche mit Gott*, Wien 2007.

Stuart Wilde: *Wunder*, Kreuzlingen/München 2007.

– *The Trick to Money Is Having Some*, Carlsbad/CA 2003.

– *Affirmationen*, Kreuzlingen/München 1998.

Marianne Williamson: *Illuminata: Gedanken und Meditationen für eine Rückkehr zur Liebe*, München 1990.

– *Rückkehr zu Liebe, Harmonie, Lebenssinn und Glück durch »Ein Kurs in Wundern«*, München 2004.

# Ruediger Schache
## *Das Geheimnis des Herzmagneten*

Die meisten Menschen suchen nach einem sinnvollen und erfüllenden Leben. Vor allem aber wollen sie dauerhaft lieben und geliebt werden. Oft scheint es jedoch, als würden sich genau diese Bedürfnisse immer schwerer erfüllen, je mehr man sie sich wünscht.

Das »Geheimnis des Herzmagneten« enthüllt dem Leser das Wissen um die mysteriöse Kraft von Ausstrahlung und Anziehung, die in uns allen wirkt und unser Leben bestimmt.

Begleitet von einer Vielzahl realer Fallgeschichten und praktischer Anleitungen erklärt Ruediger Schache die Essenz dieses umfassenden Wissens in zehn Geheimnissen.

208 Seiten, ISBN 978-3-485-01149-5
*nymphenburger*

Auch als Hörbuch:
4 CDs, ISBN 978-3-7844-4188-7
Langen*Müller* | **Hörbuch**